# ハワイ わくわく 英会話

松岡昌幸

## はじめに

　青い空，青い海，そしていつでもどこでも快適な風が吹き，たくさんの人達の気持ちを快くしてくれる楽園の島「ハワイ」。人口約120万人の小さな島に，これほど多くの観光者（世界中から約750万人）が訪れる島が世界中のどこにあるでしょうか？

　この島には，世界中の旅人達を魅了する何かが存在します。何か不思議なマナ（パワー）がこの島自体に存在します。この島を訪れたほとんどの観光者が「帰りたくない」という気持ちにさせられ，「またもう一度いつか帰ってきたい」という思いを抱かせ，そしてその何かを再度求めるリピーターとしてまたこの島に戻ってくるのです。それはあたかも鳥や魚が回遊してまた元の場所に戻ってくるような，深く記憶に刻まれた意味のある回遊行動に似ているのかもしれません。

　しかし，一部の大手の旅行会社等によって企画・運営された団体旅行に参加して，物見遊山的な身勝手な旅行者（マス・ツーリスト）が増えていることも否めない事実です。ただ見るだけの旅行スタイルや，気晴らしや休息だけを求める旅行形態があることも，そしてその形態が必要なことももちろ

　ん,理解出来ますが,私はせっかくハワイの地(異文化の土地)に訪れたからには何か思い出に残ること,何か記憶に残ることを出来るだけ多く体験する方が,より楽しくて,より「わくわくする」ものになるのではと考えています。たとえば積極的な異文化の体験や,人との交流を通じた思わぬハプニングの体験等です。それらを能動的に体験する姿勢があるならば,その旅行がどんなにより深く思い出として残り,より記憶に残るものになるのではないでしょうか。

　「異文化の体験や人との友好な交流を推進しましょう!」と言っても最低限の言葉が通じなければ,記憶に残る旅形成を構築することは困難であることは言うまでもありません。本書は,その友好な異文化体験や人的交流を積極的に推進していただくための最低限の英語力(ハワイ語力)を身につけていただくための会話術や会話表現を集めてみました。

　ハワイへの旅行を「ただ見るだけ」の旅に終わらせないための,何か記憶に残ることをお手伝いする会話術を推進するものと考えていただいても結構です。構成的には,最初に出来るだけ最低限の会話術を集めることから始まり,ハワイでの旅行道中における各場面を設定して,最低限これだけは覚えておくべき表現等を整理(これだけ選定)し,場面ごとの「わくわくポイン

　ト」や「さらにこだわりポイント」を整理してみました。またある場面においてハワイ語会話術が導入されているのは，ハワイはアメリカの州の1つであるにも関わらず，今でも先住文化やハワイ語が人々の生活の中に深く根づいている（深く生かされている）唯一の島であり，最低限のハワイアン・ランゲージを修得しなければ，この島を熟知したとは言えないのではないかと考えたからです。

　そして全体的な構成においては，「わくわく感の創出」（どうしたらハワイのわくわく感をより多く伝えられるか？）を主なコンセプト（主眼）としました。ハワイには実に多くの「わくわくする」，あるいは「うきうきする」何かが存在します。その「わくわくする」もの，「うきうきする」ものに出会う（遭遇する）ために，最低限どのような英語表現やハワイ語表現を覚えたらよいのかを中心に整理を試みました。また随所にハワイの写真（中には容易に撮れない写真もあります）を取り入れたのは，本書がよりビジュアル的に「わくわく感」や「うきうき感」を感じる構成にしたいという願いと，もっとより違ったハワイ自体を知ってもらいたいという著者の願いがあったからです。

　これらの収集された貴重なハワイの写真と，整理された最低限の会話術の

　修得を通じて,より積極的な異文化体験や人的交流につながり,その思わぬハプニングの遭遇から,より「わくわくした」,より「うきうきした」ハワイ旅行が実現できることを心からお祈り申し上げます。そして本書を通じて何か深層的なハワイの新たな発見や,冒頭でも述べた,なぜハワイへ訪れる人々は,「帰りたくない」という気持ちにさせられ,「またもう一度いつか帰ってきたい」という思いを抱かせるのか？　そしてなぜ「魚や鳥の回遊行動のようにまた再帰しようとするのか？」という問いかけに対する本源的なハワイの魅力やハワイの深層部分に存在する何か不思議なマナ（パワー）への発見につながっていただけることを心からお祈り申し上げます。

2009年7月

松岡昌幸（著者）

# Table of Contents

| | |
|---|---|
| はじめに | 2 |
| この本の使い方 | 10 |

## CHAPTER 1 最低限の英会話術 — 11

### 最低基本表現のまとめ — 12

## CHAPTER 2 ハワイ旅行における場面別会話術 — 31

### 出発時（機内での会話） — 32
白ワインをいただけますか？
*May I have some white wine, please?*

### 入国時 — 36
6日間です。
*For six days.*

### 空港から滞在先への移動（シャトルバス） — 40
ワイキキ行きのシャトルバスはありますか？
*Is there a shuttle bus to the Waikiki?*

### 空港から滞在先への移動（タクシー） — 42
ハワイアン・ホテルまでお願いします。
*To the Hawaiian Hotel, please.*

### ホテルで — 44
チェックインをお願いします。
*I'd like to check in, please.*

### コンドミニアムで — 48
セーフティボックスはどこにあるか教えていただけませんか？
*Could you tell me where the safety deposit box is?*

目次

## 挨拶（初めて会う時） — 52
こんにちは，私はレフアです。お会い出来て嬉しいです。
*Hi, I'm Lehua. Nice to meet you!*

## 挨拶（ハワイ語 1） — 56
こんにちは！
*Aloha!*

## 挨拶（ハワイ語 2） — 60
私はフラを踊ります。
*Hula au.*

## ザ・バスに乗る 1 — 64
このバスはアラモアナセンター行きのバスですか？
*Is this the right bus for the Ala Moana Center?*

## ザ・バスに乗る 2 — 68
乗り換えのチケットをください。
*Transfer Ticket, please.*

## レンタカーを借りる 1 — 72
車を借りたいのですが。
*I'd like to rent a car.*

## レンタカーを借りる 2 — 76
どうやって給油するのですか？
*How do I start the pump?*

## 朝食をとる（ホテルにて） — 80
注文をお願いします。
*May I order?*

## 昼食をとる（地方にて） — 84
こちらで食べますか？　それともお持ち帰りですか？
*For here , or to go?*

## 昼食をとる（ハワイの料理） — 88
ロコモコをください。
*Loco Moco, please.*

## Table of Contents

### 夕食（レストランにて） — 92
今日のオススメ料理は何ですか？
*What are today's specials?*

### ショッピング１ — 96
試着してもいいですか？
*Can I try it on?*

### ショッピング２ — 100
日焼け止めはありますか？
*Do you have any good sunscreen?*

### 出かける１（地元のコミュニティに触れる） — 104
ファーマーズ・マーケット（青物市場）に行きませんか？
*Why don't you go to Farmers' Market?*

### 出かける２（美術館，博物館に行く） — 108
入場料はいくらですか？
*How much is the admission?*

### 出かける３（ハイキング，ネーチャー・ツアーに参加） — 112
私はオヒア・レフアの花を見たことがありません。
*I have never seen 'Ohi'a Lehua.*

### 出かける４（ハワイ大学） — 116
ハワイ大学を背景に写真を撮ってください。
*Please take a picture with University of Hawaii in the background.*

### 出かける５（マラサダ，シェイブ・アイスの食文化） — 120
これを５個ください。
*I'll take 5 of these.*

### スポーツをする（ゴルフ） — 124
どこでゴルフの予約が出来ますか？
*Where can I make a reservation for playing golf?*

### シュノーケリングをする（ハナウマ湾） — 128
私がもし鳥だったならば！
*I wish I were a bird!*

## 目次

| | |
|---|---|
| **島への移動（国内線）** | 132 |

どちらの航空会社ですか？
*For which airline?*

| | |
|---|---|
| **トラブル** | 136 |

パスポートを無くしました。
*I lost my passport.*

| | |
|---|---|
| **さようなら！** | 140 |

さようなら！
*Goodbye! Take care!*

| | |
|---|---|
| **さようなら！（ハワイ語で）** | 144 |

さようなら！
*A hui hou.*

## CHAPTER 3　ハワイのわくわく地図案内　　149

| | |
|---|---|
| ハワイ諸島周辺の広汎地図 | 150 |
| ハワイ諸島（8つの島） | 150 |
| オアフ島 | 151 |
| オアフ島内のザ・バス路線マップ | 152 |
| オアフ島およびワイキキ周辺の教育機関 | 153 |
| ホノルル周辺(オアフ島東部)のハイキング・コース,トレッキング・コース | 154 |

| | |
|---|---|
| おわりに | 155 |
| 参考文献 | 158 |
| 著者略歴 | 159 |

## この本の使い方

　最初に最低限の会話術（最低基本表現のまとめ）を整理しました。これは会話術における最も基本となる言い回しです。

　次にハワイ旅行への出発から帰国までの間において各場面を設定して，これだけは覚えておいた方が便利と考えられる「基本会話例」,「その他の基本会話例」に分け，出来るだけ多くの写真を取り入れて整理し，それぞれの「わくわくポイント」や,「さらにこだわりポイント」等の解説を加えながら整理しました。

　場面の数は，合計30場面で，その選択方法に関しては出来るだけ日本語が話される空間（環境）を排除し，特に英語やハワイ語が優先される空間を選択して整理を試みました。

　英語音のカタカナ表示に関しては，ネイティブ音に近くなるように促音や連音（リエゾン）を多く使用しました。「to」→「トゥー」や,「Could you～」→「クッジュー」と表示した方が，よりネイティブ音に近くなります。また単語の中で，特にアクセントに注意し，強く発音するところは太文字で表記しました。例えば出口の意味の「EXIT」→「**エ**グズィット」のように第1アクセントが強調されます。

　ハワイ語音のカタカナ表示に関しては，ハワイ語は元来，ローマ字読みの表示がネイティブ音に近いとされており，ローマ字音で表記しましたが，促音（グロタルストップ＝オキナ）や長音（カハコー）に関しては，既存の規則に従って表記しました。ハワイ語で「元気です」の意味である「Pehea'oe」は,「ペヘアッオエ」,虹の意味の「ānuenue」は「アーヌエヌエ」となります。

　またハワイ語による会話例の中で疑問文等，語尾を上げた方が望ましい場合には，カタカナ表示の最後に「♪」と表記してあります。

　そして巻末（チャプター）には，本書に関連する場所（地域）およびその他のわくわくポイント地図を，ハワイ諸島周辺の広汎，ハワイ諸島（8つの島），オアフ島，バス路線マップ，ワイキキ周辺の教育機関，ホノルル周辺のハイキング・コース，トレッキング・コースに分けて整理しました。

CHAPTER 1

# 最低限の英会話術

## ありがとう（感謝）
### Thank you for ~ . 〈サンキュー フォー ~〉

- *Thank you so much.*
  ありがとうございます。

- *Thank you for your kindness.*
  ご親切に感謝します。

- *Thank you for waiting for me.*
  待っていてくれてありがとう。

## こんにちは（挨拶）
### Hello 〈ヘロウ〉

- *How are you?*
  元気ですか？

- *Good morning.*
  おはよう。

- *Good afternoon.*
  こんにちは。

- *Good evening.*
  こんばんは。

- *See you later.*
  またね。

- *How are you doing?*
  お元気ですか？

## はじめまして（挨拶）
### Nice to meet you. 〈ナイス トゥー ミーチュー〉

- *How do you do.*
  はじめまして。

- *I'm happy to meet you.*
  お会いできて嬉しい。

## はい / いいえ（了解・承知）
## Yes / No 〈イエス / ノー〉

> *Yes, it is.*
> はい，そうです。

> *No, I'm not.*
> いいえ，違います。

> *I don't know.*
> 私は知らない。

## ごめんなさい（謝罪）
## I'm sorry. 〈アイム ソーリィ〉

> *I'm sorry. I'm late.*
> 遅れてごめんなさい。

> *That's all right.*
> 気にしないで。

> *I'm sorry for the mistake.*
> 私の間違いです。ごめんなさい。

## すみませんが（話しかけ）
## Excuse me. 〈エクスキューズ ミー〉

> *Excuse me.*
> 失礼します。

> *Excuse me, where is the rest-room?*
> すみません，トイレはどこですか？

> *Excuse me, may I ask a favor of you?*
> すみません，お願いがあるのですが？

## ～をお願いします（依頼）
## ~Please. 〈～プリーズ〉

> *Check, please.*
> 会計をお願いします。

> *Coffee, please.*
> コーヒーをお願いします。

> *One more blanket, please.*
> 毛布をもう一枚ください。

## え？ 何ですか？（聞き直す）
## Pardon? 〈パードゥン〉

> *I beg your pardon.*
> もう一度お願いします。

> *Excuse me?*
> え，何ですか？

> *I don't understand what you're saying.*
> あなたが言っている事がわかりません。

## ～してもいいですか？（許可を求める）
## May I ～ ? 〈メイ アイ～〉

> *May I see the room?*
> 部屋を見てもいいですか？

> *Can I smoke?*
> タバコを吸ってもいいですか？

> *May I use the telephone?*
> 電話をお借りできますか？

## いくらですか？（程度を聞く）
# How much is it ? 〈ハウ マッチ イズ イット〉

> *How much does it cost?*
> いくらかかりますか？

> *How many boys ~ ?*
> 何人か？

> *How far~?*
> どのくらいの距離か？

> *How old are you?*
> 何歳か？

## ～はどこですか？（場所を聞く）
# Where is ～ ? 〈ウエア イズ～〉

> *Where am I?*
> ここはどこですか？

> *Where is the rest-room?*
> トイレはどこですか？

> *Where are you from?*
> どこから来たのですか？

## ～はありますか？（質問）
# Is there ～ ? 〈イズ ゼア～〉

> *Is there a rest-room?*
> トイレはありますか？

> *Do you have a dictionary?*
> 辞書はありますか？
> *Is there ~ は単に存在の有無を尋ねる時に使う。

## どのようにするのか？（方法を聞く）
## How can I ~ ? 〈ハウ キャナイ〉

> *How can I use the telephone?*
> どのように電話を使うのですか？

> *How do I get there?*
> どのようにそこへ行くのですか？

> *I don't know how to use it.*
> その使い方がわかりません。

## 残念ですが（残念さを伝える）
## I'm afraid ~ . 〈アイム アフレイド~〉

> *I'm afraid I must leave.*
> 残念ですが失礼しなければなりません。

> *I'm afraid I'm lost.*
> 残念ですが道に迷いました。

> *I'm afraid I must go now.*
> 残念ですが行かなければなりません。

## ～しなければならない（義務）
## have to ~ . 〈ハフ ツゥー〉

> *I have to go to school.*
> 学校へ行かなければなりません。

> *I must get there.*
> そこへ着かなければならない。

> *How long will I have to wait?*
> どのくらい待たなければならないのですか？

HAWAI'I VISITORS & CONVENTION BUREAU

# HONOLULU ACADEMY OF ARTS

20

## ～してくれませんか？（依頼）
## Could you ~ ? 〈クッジュー～〉

› *Could you tell me how to use the telephone?*
電話の使い方を教えてくれませんか？

› *Could you speak more slowly?*
もう少しゆっくりと話してくれませんか？

› *Could you call me a taxi?*
タクシーを呼んでくれませんか？

## ～をしたい（希望）
## I would like to ~. 〈アイ ウッド ライク トゥー～〉

› *I'd like to go to school.*  ＊*I'd like ~* は *I would like ~* の縮約形
学校へ行きたい。

› *I'd like to go with you.*
一緒に行きたい。

› *I want to go with you.*
一緒に行きたい。

## ～に…してほしいんですけれど（希望）
## I would like ~ to ... 〈アイ ウッド ライク～トゥー…〉

› *I'd like you to go to school.*
あなたに学校に行ってほしい。

› *I want you to go to school.*
あなたに学校に行ってほしい。

## ～しましょうか？（提案）
### Shall I ～ ?　〈シャル　アイ～〉

- *Shall I open the window?*
  窓を開けましょうか？

- *Shall I clean the room?*
  部屋を掃除しましょうか？

- *Shall I take your message?*
  伝言を承りましょうか？

## ～しましょう（勧誘）
### Why don't you ～ ?　〈ワイ　ドンチュ～？〉

- *Why don't you take a picture?*
  写真を撮りましょう。

- *Why don't you play golf?*
  ゴルフをしましょう。

- *Let's play tennis.*
  テニスをしましょう。＊*Let's* も同じ意味です。

## もし～（仮定）
### If ～ .　〈イフ～〉

- *If it rains, I won't go.*
  もし雨なら，私は行かないでしょう。

- *If I were free, I would go shopping.*
  もし暇ならば，買い物に行くのだが。

- *If I knew her address, I could write to her.*
  彼女の住所を知っていたら手紙を書くのだが。

## 〜のようだ（推量）
## Look 〜. 〈ルック〜〉

- *It looks like rain.*
  雨のようだ。

- *It looks like you're having trouble.*
  困っているようだ。

- *You look so young.*
  あなたは若く見える。

## なんて〜だろう（感嘆）
## How 〜! 〈ハウ〜！〉

- *How beautiful!*
  なんて美しいのだろう！

- *How hot it is!*
  なんて暑いのでしょう！

- *What a wonderful day!*
  なんて素晴しい日なのだろう！

- *That's great!*
  それはすごいですね！

## 〜で困っているんです（困った時）
## I'm in trouble 〜. 〈アイム イン トラブル〜〉

- *I'm in trouble, it was a traffic accident.*
  交通事故で困っているんです。

- *I'm in trouble, I'm lost.*
  道に迷って困っています。

## できるだけ早く（できるだけの依頼）
## as soon as possible 〈アズ スーンナズ ポスィブル〉

> *as soon as you can*
> できるだけ早く

> *as much as possible*
> できるだけ多く

> *Please take as much as you like.*
> 好きなだけ取ってください。

> *as fast as possible*
> できるだけ早く

## へぇー，ほんとう？（確認）
## Really？ 〈リアリー？〉

> *Is that so?*
> そうなの？

> *Is that right?*
> ほんとうですか？

> *Certainly / Sure*
> 確かに

> *Unbelievable!*
> 信じられない！

> *Maybe / Probably.*
> たぶんね。

> *Of course.*
> もちろん。

> *I see.*
> わかりました。

> *Are you sure?*
> ほんとう？

25

## なるほど（あいづち）
## I see. 〈アイ スィー〉

> *I see, I understand.*
> なるほど，理解しました。

> *I think so.*
> 私もそう思います。

> *That's right.*
> そうです。

> *Exactly.*
> その通り。

> *Absolutely.*
> まったくその通り。

## えーと（答えに困った時）
## Let me see ～. 〈レッミースィー～〉

> *Well ～*
> えーと

> *You know ～*
> ねえー

> *In short*
> 要するに

> *Anyway ～*
> ともかく～

## 問題ないよ！（安心させる時）
## No problem！〈ノープロブレム〉

> *No problem!*
> 何も問題ないよ！

> *Don't worry.*
> 心配するな。

最低限の英会話術

## おもしろかった（感想を言う時）
## I enjoyed. 〈アイ インジョイド〉

> *I had fun.*
> おもしろかった。

> *I had a good time.*
> 楽しかった。

> *I had a lot of fun.*
> 楽しかった。

> *I'm excited.*
> わくわくする。

## ～に気をつけて下さい（注意の時）
## Take care of ～. 〈ティク ケアー オヴ〉

> *Please take care of yourself.*
> どうか身体を大切にしてください。

> *Take care on the way home.*
> 気をつけて帰ってください。

## 多数，多量，少数，少量（数，量）
## many, much 〈メニィ, マッチ〉
## a few, a little 〈アフュー, アリトゥル〉

> *many* は数えられる名詞の複数形につけ多数を表します。*much* は数えられない名詞につけ多量を表します。*a few* は数えられる名詞につけ少数あることを表します。
> *a little* は数えられない名詞につけ少量あることを表します。

> *many, much* は文頭以外では疑問文，否定文に用い，肯定文では *a lot of* を用います（数にも量にも使われるが疑問文，否定文などでは *many, much* に代用される）。*few, little* は少ししかない（否定文）ことを表します。*some* は幾らかの，多少の，で否定文では *any* を用います。

# CHAPTER 2

# ハワイ旅行における
# 場面別会話術

# 出発（機内での会話）

機内では積極的な会話を／成田発ホノルル行きの日本航空74便

## May I have some white wine, please?
〈メイ　アイ　ハヴ　サム　ホワイト　ワイン　プリーズ〉

白ワインをいただけますか？

> *What would you like to drink?*
> 〈ワット　ウッジュウ　ライク　ツゥー　ドリンク〉
> 飲み物は何になさいますか？

> *Red wine, please.*
> 〈レッド　ワイン　プリーズ〉
> 赤ワインをください

> *Could I have some more coffee?*
> 〈クッダイ　ハヴ　サム　モア　カフィー〉
> コーヒーをもっといただけますか？

## その他の基本会話例

> *Which would you like, coffee or tea?*
> 〈ウイッチ ウッジュウ ライク カヒィ オア ティ〉
> コーヒーと紅茶のどちらがよろしいですか？

> *Seafood or beef?*
> 〈シーフード オア ビーフ〉
> シーフードになさいますか，それともビーフですか？

> *What do you have?*
> 〈ワット ドゥ ユー ハヴ〉
> 何があるのですか？

> *Could I have it later?*
> 〈クッダイ ハヴ イットゥ レイター〉
> 後でいただけますか？

> *Excuse me, Can I have an extra blanket?*
> 〈エキスキューズ ミー キャナイ ハヴ アン エキストゥラ ブランケット〉
> すみません，毛布をもう一枚いただけませんか？

> *What time are we arriving at Honolulu?*
> 〈ワッ タイム アー ウイ アライヴィング アト ホノルル〉
> ホノルルには何時に着きますか？

> *Excuse me, What's the time difference between Tokyo and Honolulu?*
> 〈エクスキューズ ミー ワッツ ザタイム デフェレンス ビットウィーン トキオ アンド ホノルル〉
> すみません，東京とホノルルとの時差はどれくらいありますか？

> *Excuse me, Please show me how to fasten my seat belt.*
> 〈エキスキューズ ミー プリーズ ショウ ミー ハウトゥー ファスティン マイ シート ベルト〉
> すみませんが，座席のシートベルトの締め方を教えてください。

> *Will you bring me the Japanese newspaper?*
> 〈ウイリ ユー ブリング ミーザ ジャパニーズ ニュースペーパー〉
> 日本の新聞を持ってきてくださいませんか？

— 出発 ( 機内での会話 )

機内食を通じて積極的な会話を楽しもう

### わくわくポイント

#### 助動詞の過去形は「ていねい」や「ひかえめ」に表現する時です

「*will*」と「*would*」は最も使用される助動詞の1つです。「*will*」は通常「〜するつもり」という未来の予定を表しますが，疑問文の「*Will you~?*」は，「〜してくれませんか？」という依頼の表現になります。「*Would you~?*」は，それをさらに丁寧にした表現で，中でもよく使用される「*Would you like~?*」は，「〜はいかがですか？」という表現で，「*Would you like to + 動詞?*」（〜したいですか？）と表現したり，また「*Would you like some coffee?*」（コーヒーはいかがですか？）というように使用したりします。その他「*Would you do~?*」は，「*Would you do me a favor?*」（お願いがあるのですが？）という表現等でよく使われています。そしてここでの「わくわくポイント」は，「*may*」「*can*」「*will*」などが過去形になった場合には，より「丁寧」で「ひかえめ」な意味で使われていることが重要なポイントです。

| | | |
|---|---|---|
| ・Will you〜 | → Would you〜 | （より控えめ） |
| ・Will you do | → Would you do〜? | （より控えめ） |
| ・Can you〜 | → Could you〜 | （より控えめ） |
| ・Can I〜 | → Could I〜 | （より控えめ） |

## さらにこだわりポイント
## 最初の会話術は「Excuse me」から

　東京（成田）からホノルルまでの飛行時間は，約7時間（ただし偏西風の強さにより異なる）です。客室乗務員に話しかける時には，先ず「Excuse me」（エキスキューズ・ミー）からスタート，「May I have~」とか「Could I have~」等，なるべく丁寧に依頼する表現法を身につけましょう。おそらく機内において最初に乗務員から聞く言葉は，「What would you like to drink?」もしくは，「Would you like something to drink?」のいずれかです。とにかく約7時間の飛行時間内は，旅始まりとしての会話や機内食を楽しむ姿勢が大切です。ちなみに航空機や機内においてよく聞かれる言葉（語彙）は以下のものがありますのでマスターしておきましょう。

- Aisle（アイル）　通路側
- No Smoking　禁煙
- Rack　荷物棚
- Excess Baggage　超過料金
- Window Seat　窓側の席
- Fasten Seat Belt　シートベルト着用
- Baggage Allowance　重量制限
- Boarding Pass　搭乗券

客室乗務員に積極的に話しかけましょう！／日本航空の74便の客室乗務員

入　国

入国の際はしっかりと滞在日数と目的を告げよう／入国審査を終えた団体旅行者

# For Six days.
〈 フォー シックス デイズ 〉
6日間です。

» *How long are you staying?*
〈 ハウ ロング アー ユー スティング 〉
滞在期間はどれくらいですか？

» *What is the purpose of your stay?*
〈 ワッツ イズ ザ パーパス オヴ ユアーステイ 〉
滞在目的は何ですか？

» *Sightseeing.*
〈 サイトゥスィーング 〉
観光です。

## その他の基本会話例

> *Good morning. Passport, Please.*
> 〈グッド モーニング パスポート プリーズ〉
> おはようございます。パスポートを見せてください。

> *Good morning. Here it is.*
> 〈グッド モーニング ヒア イットウ イズ〉
> おはようございます。(パスポートは)これです。

> *What's the purpose of your visit?*
> 〈ワッツ ザ パーパス オヴ ユアー ヴィジット〉
> あなたの入国目的は何ですか?

> *I'm here on business.*
> 〈アイム ヒア オン ビジネス〉
> 私は仕事で来ています。

> *Do you have anything to declare?*
> 〈ドゥ ユー ハヴ エニースィング ツゥー ディクレアー〉
> 何か申告するものがありますか?

> *No, I don't. These are all personal effects.*
> 〈ノー アイドォント ディーズ アー オール パーソナル イフェクツ〉
> いいえ,ありません。身の回り品ばかりです。

> *Where are you planning to stay in Honolulu?*
> 〈ウエア アーユー プランニング トゥ ステイ イン ホノルル〉
> ホノルルではどこに宿泊する予定ですか?

> *How much money do you have?*
> 〈ハウ マッチ マニィ ドゥ ユー ハヴ〉
> 所持金はどれくらいありますか?

> *About $3,000 and 40,000 Japanese Yen.*
> 〈アバウト スリーサウザンド ダラーズ アンド フォーティーサウザンド ジャパニーズエン〉
> だいたい 3,000ドルと4万円です。

海外からの国際線はオアフ島のホノルル国際空港に着きます

### わくわくポイント

### 入国審査の質問やその流れをしっかりと理解しておきましょう

他国での入国審査の一般的な流れは以下の通りです。しっかりと把握しておくことが「わくわくポイント」です。

*May I see your passport?* パスポートをみせていただけませんか？→
*What's the purpose of your visit?* 滞在の目的は何ですか？→
*How long do you plan to stay?* 滞在期間はどのくらいですか？→
*Where are you staying?* どこに滞在しますか？

これらの質問内容やその流れを理解しておけば，スマートにイミグレーションを通過することが出来ます。その他の重要な表現や語彙は以下の通りです。

- *Immigration* 入国審査
- *Non Residents* 非居住者
- *Claim Tag* 手荷物引換証
- *Customs* 税関
- *Passport Control* パスポート検査
- *Transit* 立ち寄り
- *Lost Baggage Report* 荷物紛失証明書
- *Anything to declare* 何か申告するもの

## さらにこだわりポイント
### 経由地で他の便に乗り換えることを「トランスファー」と言います

　入国に関する手続きや，空港出口までのアクセスに関しては，次の3点のことに留意しなければなりません。まずは入国審査（イミグレーション）で，パスポート，申告書，入国カードの提示（提出）やセキュリティのための質問，写真撮影，滞在目的・滞在期間の申告が必要です。第2はターンテーブルにて機内に預けた荷物の受取です。そして第3は税関で，免税範囲内ではない方や1万ドル以上を持参している方は申告が必要になります。より早く入国審査を通過させるための1つの条件として，機内で客室乗務員から配布された出入国カードや税関申告書の記入漏れがないように準備しておくことが重要なポイントです。

　またホノルルから他の島へ乗り継ぎ（*Transit*＝トランジット）の場合には，ホノルルで入国審査を済ませてから荷物を「*Through Baggage*＝スルー・バッゲージ」（ただし日本出発時においてスルーの手続きが必要）とし，「*Trasfer*」（トランスファー＝乗り継ぎ）として他の国内線へのゲートまで移動することが重要なポイントです。

他の島に乗り継ぎの場合は国内線に移動を ／ 写真はハワイアン航空のカウンター

## 空港から滞在先への移動（シャトルバス）

ワイキキにはシャトルバスが安くて便利です！ ホテルまで連れて行ってくれます

# Is there a shuttle bus to the Waikiki?
〈イズ ゼア ア シャトル バス トゥ ザ ワイキキ〉

**ワイキキ行きのシャトルバスありますか？**

> *Is there a bus that goes into the Waikiki?*
> 〈イズ ゼア ア バス ザット ゴウズ イントゥー ザ ワイキキ〉
> ワイキキに行くバスはありますか？

> *Where's the bus stop to go to the Waikiki?*
> 〈ウエアズ ザ バスストップ トゥー ゴートゥ ザ ワイキキ〉
> ワイキキへ行くバス乗り場はどこですか？

> *There is no limousine service available.*
> 〈ゼアリズ ノー リムジンサービス アヴェイラブル〉
> リムジンバスは運行していません。

空港から滞在先への移動（シャトルバス）

## その他の基本会話例

> *Is there a bus that goes into the city?*
> 〈イズ ゼア ア バス ザット ゴウズ イントゥーザ スィティ〉
> 市内に行くバスはありますか？

> *Where's the limousine stop?*
> 〈ウェアズ ザ リムジン ストップ〉
> リムジンバス乗り場はどこですか？

> *Where can I buy a ticket?*
> 〈ウェア キャナイ バイ ア チケット〉
> 切符はどこで買えますか？


### わくわくポイント

### 観光産業の間では「*Service Available*」がよく使われている

　会話例文「*there is no limousine service available*」の中の「*available*」のように「*able*」で終わる形容詞の場合，これらが「*all*」「*every*」「*no*」や最上級の形容詞とともに使われる場合は，名詞の後に置かれるのが普通です。→「*service available*」。また「*available*」の他に「*possible*」（可能である），「*imaginable*」（想像できる）のような形容詞も同様に名詞の後に置かれる場合が多いことに注意しましょう。


### さらにこだわりポイント

### ワイキキへの移動は「シャトルバス」がリーズナブルです

　ホノルル空港から宿泊先（ホテル等）へ移動する手段として，よく見落とされるのは，シャトルバスの存在です。シャトルバス（リムジンバス）は個人出口の道路からワイキキのホテル（主要なホテル周辺）までリーズナブルな料金で利用が出来ます。「*limousine*」とは，通常空港から市内間を往復して旅客を運ぶ小型バスのことを言い，口語では短縮して「*limo*」とも呼ばれています。日本語では「リムジンバス」と言いますが，英語では「*limousine*」だけで，「*bus*」はつかないことがポイントです。→「× *a limousine bus*」。

## 空港から滞在先への移動（タクシー）

← ✈ **Interisland Flights**
Hawaiian

↑ 🚕 **Taxi**

他島行き便ターミナル　이웃섬 비행기　夏威夷群島航班　　タクシー　택시　計程車／的士

タクシーの乗り場は、個人出口から真っ直ぐ行った所にあります

# To the Hawaiian Hotel, please.
〈 トゥー ザ ハワイアン ホテル プリーズ 〉

ハワイアンホテルまでお願いします。

> *Where can I get a taxi?*
〈 ウエア キャナイ ゲット ア タクスィー 〉
タクシーはどこで乗れますか？

> *Where is the taxi stand?*
〈 ウエア イズ ザ タクスィースタンド 〉
タクシー乗り場はどこですか？

> *Will you get me a taxi?*
〈 ウイル ユウ ゲット ミー ア タクスィー 〉
タクシーを呼んでください。

空港から滞在先への移動（タクシー）

## その他の基本会話例

> *Take me to this place, please.*
> 〈ティク ミー トゥ ディス プレイス プリーズ〉
> この場所に行ってください。（地図や住所を書いたメモを渡しながら）

> *Give me five dollars back, please.*
> 〈ギヴ ミー ファイブ ダラーズ バック プリーズ〉
> 5ドルのお釣りをください。（到着した時は通常は小さなお金を持っていません）

> *Keep the change.*
> 〈キープ ザ チェンジ〉
> お釣りは結構です。

### わくわくポイント
#### 「～をください」は「*Give me～*」が定番です

　目的地への到着時は，大きいお金ばかりで小銭「*Small Change*」の持ちあわせがないのが普通です。タクシーの降車時においてタクシー代金を大きいお金で支払った後に，お釣りをいただきたい場合の決まり文句が，「*Give me～, please*」（～をください）です。たとえば金額「5ドル」を返金してもらいたい場合は，「*Give me five dollars back, please*」とはっきりと言うことがポイントです。

### さらにこだわりポイント
#### チップ制度は西洋文化の特徴の１つです

　タクシー等の降車時においてお釣りがちょうどチップ（目安は料金の15％）の金額ならば，「お釣りは不要です。そのままとっておいてください」の意味の「*Keep the change!*」（キープ・ザ・チェンジ）と言うことがポイントです。また荷物等が多い場合は，チップを多めにしたり，逆にサービスが悪く感じる時は，10％ぐらいにすることも可能です。

　これらのチップ制度が「良いか悪いか」という賛否両論が存在することは否めない事実ですが，このようなサービスにおける「優劣」を求める姿勢は，ハワイ（米国）における文化の特徴の１つと考えられ，旅行者にとっては「郷に入れば郷に従え」という姿勢が必要です。

## ホテルで

ホテルではアロハ精神でもって観光者を迎えてくれます / モアナ・サーフライダー・ホテル

# I'd like to check in, please.
〈 アイドゥ ライク ツゥー チェックイン プリーズ 〉

チェックインをお願いします。

> *I have a reservation. My name is Lehua.*
> 〈 アイ ハヴ ア リザベーション マイ ネーム イズ レフア 〉
> 予約をしています。私はレフアと申します。

> *Will you keep my key?*
> 〈 ウィル ユー キープ マイ キィ 〉
> 鍵を預かっていただけませんか？

> *Would you keep my valuables?*
> 〈 ウッジュー キープ マイ ヴァリュアブルズ 〉
> 貴重品を預かっていただけませんか？

ホテルで

## その他の基本会話例

» *Here's a confirmation slip.*
〈ヒアーズ ア コンファメイション スリップ〉
予約確認書です。

» *I have a voucher from Japanese travel agent.*
〈アイ ハヴ ア ヴァウチャー フロム ジャパニーズ トラヴェル エージェント〉
私は日本の旅行会社を通じての予約確認書を持っています。

» *Fill out this form, please.*
〈フィル アウト ディス フォーム プリーズ〉
こちらに記帳をお願いします。

» *Could you bring this baggage to my room?*
〈クッジュー ブリング ディス バッゲージ トゥ マイ ルーム〉
私の部屋までこの荷物を運んでいただけますか？

» *How soon can we have a room?*
〈ハウ スーン キャンウイ ハヴ ア ルーム〉
いつ部屋の用意が出来ますか？

» *I'd like to leave my baggage here.*
〈アイド ライク トゥ リーヴ マイ バッゲージ ヒア〉
私の荷物を預かってほしいのですが。

» *Could you cash this traveler's check?*
〈クッジュー キャッシュ ディス トラベラーズ チェック〉
旅行小切手を現金にしていただけないでしょうか？

» *Will you break this $100 bill?*
〈ウィルユー ブレイク ディス ワンハンドレッダラーズ ビル〉
この100ドル紙幣をくずしていただけませんか？

» *I locked myself out.*
〈アイ ロックト マイセルフ アウト〉
鍵を中に置いたまま部屋を閉めてしまいました。

― ホテルで

チェック・インには名前と予約確認書を / ワイキキ・ゲートウエイ・ホテル

### わくわくポイント

## 小銭は「*small change*」（スモールチェンジ）です

　ホテルへのチェックインに際しては，予約確認証等（コンファーメーション・スリップ）がすぐ提出できるようにしておくことがポイントです。また確認書を最初から提示しながらチェックインすることも１つのポイントです。日本からの航空機の関係で，ホノルルへの到着は午前中の便が多く，すぐにホテルへチェックインすることが出来ない場合があります。このような場合は,「*Could you keep my baggage until 3 o'clock*」と言うことがポイントです。また小銭が必要な時は,ホテルのカウンターにて,「*May I have some small change, too*」（small changeとは小銭という意味です）とか，「*One dollar bills, please*」等の会話術を身につけておくことも重要なわくわくポイントです。ちなみにホテルに関する語彙は下記のようなものがあります。

- *Rate*　宿泊等の料金
- *Single room*　シングルの部屋
- *Charge*　〜を課する
- *Check out*　チェックアウト
- *Twin, Double room*　ツイン，ダブル部屋
- *Wake-up call*　モーニングコール

### さらにこだわりポイント

## ハワイには自然的環境の良さから世界中のトップホテルが集結する

　ホテル産業の間では，ハワイは年中温暖な気候という自然的環境の良さからオフシーズンという閑暇の問題がなく，世界中からトップレベルのホテルが集結しています。観光客も年々増え続け，2007年度は約700万人の観光者がハワイに訪れました。そしてホストとしての受け入れ側である各ホテルでは，少しでも良好なホスピタリティを提供するために，そのサービス内容やホスピタリティ等における熾烈な競争が繰りひろげられています。その結果ゲストである観光者達は，最高のサービスやホスピタリティを享受することになります。各スタッフにおける言語能力（コミュニケーション能力）においても訓練されており，日本語においてもゲストに対する適切な対応が可能です。そのような日本語も通じてしまうホスピタリティ精神によって守られているホテルという空間場所においての注意点は，出来るだけ英語やハワイ語を使うことに心がける姿勢が必要です。それはそのホスピタリティ精神の背景（あるいは背後）には，真正のアロハ・スピリットを感じることが出来るからです。

ワイキキ地区，2番目に創立されたロイヤル・ハワイアン・ホテル

コンドミニアムで

ハワイのコンドミニアムはプール付きが多い / ハワイアン・モナーク

# Could you tell me where the safety deposit box is?
〈 クッジュー テルミー ウェア ザ セーフティ デポジット ボックス イズ 〉

セーフティボックスはどこにあるのか，教えていただけませんか？

> *Could you tell me where the washing machine is?*
〈 クッジュー テルミー ウェア ザ ウォッシング マシーン イズ 〉
洗濯機はどこにあるのか教えていただけませんか？

> *Could you show me how to use the washing machine?*
〈 クッジュー ショウミー ハウ ツゥー ユーズ ザ ウォッシング マシーン 〉
洗濯機の使い方を教えていただけませんか？

> *How do I dry my laundry?*
〈 ハウ ドゥ アイ ドライ マイ ランドリー 〉
どのように洗濯物を乾かしたらよいですか？

## その他の基本会話例

> *My room is on the 32rd floor.*
> 〈マイ ルーム イズ オン ザ サーティセカンド フロアー〉
> 私の部屋は32階です。

> *These are the condominium keys.*
> 〈ディーズ アー ザ コンドミニアム キィズ〉
> これらはコンドミニアムの鍵です。

> *We are planning to stay at this condo for a month.*
> 〈ウィ アー プランニング ツゥー ステイ アット ズィス コンド フォー ア マンス〉
> 私達はコンドに1か月滞在する予定です。

> *We will be staying at this condo for the next two weeks.*
> 〈ウィ ウイル ビー ステイング アット ズィス コンド フォー ザ ネクスト ツゥー ウイークス〉
> 私達はこれから2週間滞在する予定です。

> *Let me show you to your room.*
> 〈レッミー ショウ ユー ツゥー ユア ルーム〉
> 私がお部屋にご案内しましょう。

> *That's a garbage disposal.*
> 〈ザッツ ア ガービッジ ディスポウザル〉
> それは生ゴミ処理機です。

> *That's a electric stove.*
> 〈ザッツ ア エレクトリック ストーヴ〉
> それは電気コンロです。

> *These are garbage and trash.*
> 〈ディーズ アー ガービッジ アンド トラッシュ〉
> それらは生ゴミとくずです。

> *Could you tell me where I can throw them away?*
> 〈クッジュー テルミー ウエア アイキャン スロウ ゼム アウェィ〉
> それらを捨てる場所はどこか教えていただけませんか？

> *Do I have to sort plastic and glass bottles?*
> 〈ドゥアイ ハフト ソート プラスティック アンド グラスボトルズ〉
> プラスチックとガラスのボトルは分別しなければなりませんか？

— コンドミニアムで

コンドミニアムにある洗濯機を使用するには25セント（クオーター）が便利

### わくわくポイント
### 洗濯は「クオーター・コイン」（25セント）が便利

　ハワイでは，滞在方法としてホテルの他にコンド（コンドミニアム）を選ぶ方々が多くいます。長期滞在者向けの家具付きマンション等と呼ぶことが出来ますが，そのコンドを利用する際に留意しておかなければならないことは，キッチンの使い方と洗濯機の使用方法です。ホテルとは違って生活することが主体になるので，身の回りのことは一切自分達でやらなければいけません。キッチン備え付けの生ゴミ処理機「*Garbage disposal*」「*Garbage disposer*」は，先ず水を出してから，排水溝に生ゴミを流し，スイッチを入れて30秒ぐらい経ってから水を止めることが重要なポイントです。また洗濯機は，まずコンド内のフロアーの何階にあるのかを確かめ，使い方をよく確認後，「*Quarter Coin*」（クウォーター＝25セント）を使用します。乾燥機も同様に同コインを使用するため，予め数枚の「クウォーター・コイン」をたくさん用意しておくことが「わくわくポイント」です。

| | | | | | |
|---|---|---|---|---|---|
| ・*Detergent* | 洗剤 | ・*Laundry* | 洗濯物 | ・*Drain* | 排水溝 |
| ・*Throw away* | 捨てる | ・*Hallway* | 廊下 | ・*Rubbish* | 可燃性ゴミ |
| ・*Burnable garbage* | 可燃ゴミ | ・*Flammable garbage* | 可燃ゴミ | | |
| ・*Non burnable garbage* | 不燃ゴミ | ・*Non flammable garbage* | 不燃ゴミ | | |

### さらにこだわりポイント

### 観光者がもたらしたゴミはどこにいくの？

　現在のハワイでは、「燃えるゴミ」と「燃えないゴミ」との分別が見られなく、全て部屋の外の各フロアーに設置されている「*Trash chute*」(トラシュ・シュート) の中に投げ捨てる仕組みになっています。しかし1つの疑問として、これらの集められた全体ゴミは一体どこにいくのでしょうか？　そのゴミ自体の全体量を考えたら「天文学的な数字 (量)」になることは否めない事実です。ある説によると、それらのゴミは大きなタンカーによって運ばれ、全米のある州に運ばれ、さらにそこからどこかの発展途上国に運ばれるということです。もしそれが事実ならば、ハワイという島は、観光者という強者の論理 (例えば弱者を無視するような) で成り立っているのではないかと考えます。サスティナブル「*Sustainable*」(持続可能性) という理念から、ハワイの環境を考えた場合、ひょっとしたら近い将来、ハワイの大自然が観光者 (強者) によって破壊されてしまうかもしれません。実はこのことが私達、観光者が一番「こだわらなければ」ならないポイントです。

カラカウア通りを走るゴミ運搬車 (このゴミは一体どこに運ばれるのだろうか？)

## 挨拶（初めて人に会う時）

初めて会う人にはキチンと挨拶を / 英語学校 IIE の校長先生

---

# Hi, I'm Lehua. Nice to meet you.
〈ハイ アイム レフア　ナイス トゥー ミーチュウー〉

こんにちは，私はレフアです。お会いできて嬉しいです。

---

» *Hello.*
〈ヘロウ〉
こんにちは。

» *I'm Ohana. How do you do?*
〈アイム オハナ ハウ ドゥードゥー〉
私はオハナと言います。はじめまして。

» *It's a pleasure to meet you.*
〈イッツゥ ア プレジャー トゥー ミーチュウー〉
あなたにお会いできて嬉しいです。

挨拶（初めて人に会う時）

## その他の基本会話例

> *How have you been?*
> 〈ハウ ハヴ ユー ビーン〉
> お元気でしたか？

> *How's it going?  How's everything?*
> 〈ハウズ イット ゴウイング　ハウズ エヴリシング〉
> 元気ですか？　調子はどうですか？

> *You're welcome.*　　　> *Not at all.  (It's my pleasure)*
> 〈ユーアー ウエルカム〉　　〈ノット アット オール (イッツゥ マイ プレジャー)〉
> どういたしまして。　　　　どういたしまして。

> *I would appreciate your help.*
> 〈アイ ウッド アプリーシエイト ユア ヘルプ〉
> あなたの援助，ありがとうございます。

> *I really appreciate it.*
> 〈アイ リアリィ アプリーシエイト イット〉
> ほんとうにありがとうございます。

> *I'm sorry.*　　　　> *Don't worry.*
> 〈アイム ソーリィ〉　　〈ドゥント ワーリィ〉
> ごめんなさい。　　　気にしないでください。

> *That's all right / It's OK / No problem.*
> 〈ザッツ オール ライト / イッツゥ オッケイ / ノー プロブレム〉
> 大丈夫です。

> *Goodbye! / Bye! / So long!*
> 〈グッバーイ / バーイ / ソゥ ロング〉
> さようなら。

> *Take care! / Good luck!*
> 〈テイク ケアー / グッラック〉
> それじゃ元気でね！/ 幸運を！

―― 挨拶（初めて人に会う時）

レイは「ようこそ，いらっしゃいませ！」という愛情溢れる歓迎を意味します

**わくわくポイント**

## コミュニケーションは心からの非言語によるメッセージから

　人とのコミュニケーションの最初は，挨拶（自己紹介）から始まりますが，挨拶に関する表現法は，とにかく暗記するしかありません。またジェスチャー等を含めての感情表現をややオーバーに表現することも重要な心構えです。初対面時の表現は最初，「*Nice to meet you.*」を使い，応答は「*Nice to meet you, too*」と応えることが一般的です。そして「*I'm ~*」とか「*My name is ~*」と続ければＯＫです。また「*How do you do?*」は，一般的にはフォーマルな挨拶表現で，その場合の応答としては，同様に「*How do you do?*」と答えたり，「*It's a pleasure to meet you.*」等と言うのが一般的です。しかし最初の会話は，とにかく慣れない場合が多く，緊張するケースが普通です。せっかく暗記した会話例がすぐに出てこない場合は，あまり形式表現にこだわらずに非言語のメッセージ術（ジェスチャーやパラ言語の使用）により，心から一生懸命に伝達しようとする姿勢が重要な「わくわくポイント」です。

## さらにこだわりポイント
## 英語には，たくさんの短い「あいづちの文化」がある

　日本語同様に英語においても，短い「あいづち」を表現する「*Mmm*」(うん)，「*Uh-huh*」(うん／ええ／なるほど)「*Wow!*」(いやあ！)，「*Mm-hm*」(うん／ええ／なるほど)，「*I see*」(なるほど)，「*I got*」(なるほど／わかりました)，「*Oh, really*」(あ，本当？)，「*Oh, yeah?*」(あ，そう)，「*Yes?*」(そう？)，「*Is that right?*」(そうなの？)，「*No kidding*」(まさか) などの表現があります。これらのパラ言語的な表現は，その国による言語特有の文化とも言えますが，それらの言い回しや，あいづち文化を自然に身体で覚えることが重要です。下記の表現は，会話を切り出すタイミングにおいて便利な語彙です。さらなるこだわりを求めてしっかりとこれらの表現を身につけましょう。

- *Hey*　ねえ
- *Say~*　ねえー
- *Look~*　ねえー
- *Guess what!*　ねえねえ
- *You did it!*　やったね
- *Great!*　すごい
- *You know~*　あのさ～
- *You know what?*　あのさ～
- *You know something?*　あのさ～

ハワイでの最初の挨拶はハワイ語で「アロハ！」と言います

挨拶（ハワイ語1）

「ALOHA（アロハ）」には複数の意味があります

# Aloha!
〈アロハ〉

こんにちは！

› *Mahalo.*
〈マハロ〉
ありがとう。

› *A hui hou.*
〈ア フィ ホウ〉
さようなら，また会う時まで。

› *Aloha ahiahi.*
〈アロハ アヒアヒ〉
こんばんは。

## その他の基本会話例

> *'O Lehua ko'u inoa.*
> 〈オ レフア コッウィノア〉
> 私の名前はレフアです。

> *Pehea'oe?*
> 〈ペヘアッオエ〉
> お元気ですか？

> *Maika'i au.*
> 〈マイカッイ アウ〉
> 元気です。

> *Aloha kākou.*
> 〈アロハ カーコウ〉
> ごきげんよう，みなさん。

> *Aloha kakahiaka.*
> 〈アロハ カカヒアカ〉
> おはよう。

> *E komo mai.*
> 〈エ コモ マイ〉
> ようこそ。

> *He mea iki.*
> 〈ヘ メア イキ〉
> どういたしまして。

> *Mālama pono.*
> 〈マーラマ ポノ〉
> お気をつけて。

> *E kipa hou mai.*
> 〈エ キパ ホウ マイ〉
> また来てね。

> *E kala mai ia'u.*
> 〈エ カラ マイ イアッウ〉
> ごめんなさい。

> *E 'olu'olu'oe i ko'u mana'o.*
> 〈エ ッオルッオルッオエ イ コッウ マナッオ〉
> お願いがあります。

— 挨拶（ハワイ語1）

### わくわくポイント

## ハワイ語は母音（5文字）と子音（7文字）から構成されます

　ハワイ語という言語は，「*a, e, i, o, u, h, k, l, m, n, p, w*」の12文字から構成され，最初の5文字「*a, e, i, o, u*」は，母音（ア，エ，イ，オ，ウ）を表す文字で，残り7文字は，子音を表す文字です。その他の重要な表記である「'」（逆さのアポストロフィ記号）は，現在ではグロタルストップ「*glottal stop*」（声門閉鎖音）として定着しており，日本語の促音に近く，強く仕切るような発音になります（日本語の「まって」とか「いって」の中の「っ」にあたる）。また母音には，アー，イー，ウーのように長く伸ばす長音（母音）があり，「¯」という横線（カハコーと呼ばれている）が母音文字の上につきます。ハワイ語の発音方法は，ローマ字に類似し，日本人にとっては「あまり難しくない発音」と言われていますが，母音の中の「*o*」，「*u*」に関しては唇をかなり丸くして発音することと，「*w*」の発音に注意が必要です。「*i*」や「*e*」の後ろでは英語の「*v*」（ヴィー）の発音，「*u*」や「*o*」の後ろでは「*w*」（弱く短いウの音の音）の発音になります。またハワイ語と英語の最も異なる点は，ハワイ語では，子音が続くこと又は子音で終わる語がなく，英語をハワイ語にする場合には，子音の間あるいは後ろに母音を付けなくてはいけないことです。

- *Ono* (オノ)　おいしい
- *Haole* (ハオレ)　外国人
- *Wahine* (ワヒネ)　女性
- *Keiki* (ケイキ)　子供
- *Ohana* (オハナ)　家族
- *Mana* (マナ)　霊力
- *Wikiwiki* (ウィキウィキ)　早い
- *Lani* (ラニ)　天国，空
- *Pa'u* (パッウー)　湿気
- *Waikiki* (ワイキーキー)　噴出する水
- *Makai* (マカイ)　海の方，海側
- *Mauna* (マウナ)　山
- *Lewa* (レワ)　宇宙，空気
- *'aina* (アイナ)　食事
- *ānuenue* (アーヌエヌエ)　虹
- *Hau* (ハウ)　露
- *Kalo* (カロ)　タロ芋
- *Kama'āina* (カマッアーイナ)　土地の人
- *Kāne* (カーネ)　男性
- *Kapu* (カプ)　タブー，禁制
- *Iolani* (イオラニ)　鷹
- *Heiau* (ヘイアウ)　神殿
- *Poi* (ポイ)　すりつぶしたタロ芋
- *Lei* (レイ)　花輪
- *Hoku* (ホク)　星
- *Pua* (プア)　花
- *Wailele* (ワイレレ)　滝
- *Makani* (マカニ)　風
- *Noe* (ノエ)　霧
- *'ahi* (アヒ)　マグロ
- *anu* (アヌ)　涼しい
- *ao* (アオ)　雲
- *Kai* (カイ)　海
- *Kua* (クア)　峰，山の背

- *ua*（ウア）雨
- *uhi*（ウヒ）ヤム芋
- *'uala*（ウアラ）サツマ芋
- *kā*（カー）カヌーの水あか取りひしゃく

## さらにこだわりポイント
### ハワイ語は自然に関する語彙が多い

　「言語は民族の文化や話者の世界観を決定する」とは，言語学者であるウォーフ・サピアの仮説ですが，ハワイ語においてもその話し手の生活や文化をよく反映しているものと考えられます。ハワイでは，「風，雲，雨」に関する言葉が比較的多く存在し，その他，魚，鳥，カヌー，タロ芋などの言葉が多く，これらの言葉は，ハワイ語を話す人達の生活にとっては必要な語彙に富んでいるといえます（日本語は虫，雨，湿気等に関する語彙が豊富）。つまり言語を調べればその土地の文化の特徴を深く描写することが可能になるのです。ハワイへ最初に来たのは，マルケーサスの渡来から，あるいは次いでタヒチ人の渡来からは，「海洋民」を意味し，その結果,航海術を要し「星や風」についての多くの語彙（ハワイ語）が存在することになるのです。よってここで重要なことは，言語を知るということは，その国の文化を知るということと，英語文化（西洋文化）が入ってきたのは，つい最近のことであり，既にあったハワイ語文化の上に構築された「ピジンイングリッシュ」（混成語）であるということを把握しておきましょう。

カメハメハ大王も日本人観光者を温かく迎えてくれます／カメハメハ１世像

## 挨拶（ハワイ語2）

ハワイ語を修得するにはフラ（ダンス）の習得が一番です／毎年6月に行われるキング・カメハメハ・フローラルパレード

# Hula au.
〈 フラ　アウ 〉

私はフラを踊ります。

> *Hula 'oe.*
〈 フラ オエ 〉
あなたはフラを踊ります。

> *Hula mākou.*
〈 フラ マーコウ 〉
私たちはフラを踊ります。

> *Hula 'oia.*
〈 フラ　オイア 〉
彼（または彼女）はフラを踊ります。

挨拶（ハワイ語2）

## その他の基本会話例

> *Hula 'oukou.*
> 〈フラ オウコウ〉
> あなた達はフラを踊ります。

> *Hula lākou.*
> 〈フラ ラーコウ〉
> 彼ら（彼女ら）はフラを踊ります。

> *Hula lākou?*
> 〈フラ ラーコウ♪〉
> 彼ら（彼女ら）はフラを踊りますか？

> *'Ae. Hula lākou.*
> 〈アエ フラ ラーコウ〉
> はい。彼ら（彼女ら）はフラを踊ります。

> *'A'ole. Hula lākou.*
> 〈アッオレ フラ ラーコウ〉
> いいえ。彼ら（彼女ら）はフラを踊りません。

> *He aha kēia?*
> 〈ヘ アハ ケーイア♪〉
> これは何ですか？（Heは不特定のものを指す名詞の前に置かれる）

> *'O wai kou inoa?*
> 〈オ ワイ コウ イノア♪〉
> 名前は何ですか？

> *Ma hea?*
> 〈マ ヘア〉
> どこ（で）？

> *'E hia?*
> 〈エ ヒア♪〉
> いくつですか？

> *He puke kēia.*
> 〈ヘ プケ ケーイア〉
> これは本です。

> *He puke kēia.*
> 〈ヘ プケ ケーイア♪〉
> これは本ですか？（疑問文の場合は，そのまま語尾を上げる）

― 挨拶（ハワイ語2）

## わくわくポイント

### ハワイ語の語順は先に述語がきて，主語は後にくる

　日本語や英語では，主語が先にきて，次に述語がくるのが文の語順ですが，ハワイ語では，反対に述語が先にきます。例えば日本語では，「私はフラを踊ります」のように主語（私は）＋動詞（踊る）という語順になりますが，ハワイ語では，動詞が主語の前にきます。またハワイ語は，文を「はい，いいえ」で答える疑問文にするには，語順はそのままにして最後に語尾を上げます。つまりイントネーション（♪）を変える（上げる）だけという規則です。また代名詞の私＝「*au*」（アウ），あなた＝「*oe*」（オエ），私たち＝「*mākou*」（マーコウ），あなたたち＝「*'oukou*」（オウコウ），彼等（彼女等）＝「*lākou*」（ラーコウ）や，「はい」＝「*Ae*」（アエ），「いいえ」＝「*A'ole*」（アッオレ），「*A'Ale*」（アッアレ）等，そして冠詞である「*Ka*」（カ），「*Ke*」（ケ），複数の場合の「*Nā*」（ナー）や，特別の冠詞（不定冠詞）の「*he*」（ヘ）等は最低限のハワイ語表現をする場合に是非覚えておきたい言葉（ルール）です。

　以下にフラ関連言葉（語彙）を集めてみました。フラ言語からハワイ語をマスターするのは1つの有効な学習方法といえます。

| | |
|---|---|
| ・*hālau* (ハーラウ) | 長い建物（ハラウの本来の意味はカヌーを造る為の長く大きな建物のこと） |
| ・*hālau hula* (ハーラウ フラ) | フラ教室 |
| ・*haumāna* (ハウマーナ) | 生徒 |
| ・*hula 'auana* (フラッアウアナ) | 現代フラ |
| ・*hula kahiko* (フラカヒコ) | 古典フラ |
| ・*kaona* (カオナ) | 比喩 |
| ・*hula noho* (フラノホ) | 座っているフラ |
| ・*oli* (オリ) | 詠唱 |
| ・*'ōlapa* (オーラパ) | 踊り手として認められたフラダンサー |
| ・*kafua pā'ani* (カフア パーッアニ) | 競技場 |
| ・*malo* (マロ) | 男性のつけるふんどし |
| ・*ho'okūkū* (ホッオクークー) | 競技会 |
| ・*laka* (ラカ) | フラの女神 |
| ・*hōpoe* (ホーポエ) | ヒイアカにフラを教えたとされる女性 |
| ・*leikūpe'e* (レイ クーペッエ) | 手首や足首につけるレイ |
| ・*male* (メレ) | 歌 |
| ・*kumu hula* (クムフラ) | フラの先生 |

## さらにこだわりポイント

## ハワイ語は情緒的, 音楽的で美しくリズミカルな言語だ

　ハワイ語は,「風, 雲, 雨」等に関した言葉が多いことを指摘しましたが, その他の特徴として, 非常に情緒的で音楽的な美しいリズミカルな言語であると言えます。特に「*Kaona*」(カオナ) =「*Implication*」(含意, 暗示, ほのめかし, メタファー) と呼ばれる隠語的な意味をもつ言葉が多くあり, 誰にでも理解できるものや一部のハワイ先住民の方々にしか通じないものまであります。このことはハワイ人は上述の隠語を大切にする, つまり言葉の背後に隠れる意味の方が表向きの意味より極めて大切にする証左です。言語の背後にあるいはその言葉の奥には魂が宿るものと考えられ, ネガティヴな言葉自体を口にしないようにする習慣が生活文化として根づいています。さらに隠喩(いんゆ)文化は, 現代でも語り継がれている古い伝説等の中において, あるいは古式フラの中の「チャント」(詠唱) の中において感じることができます。このことからハワイ語修得の早道はフラ文化自体の修得であると言っても過言ではありません。つまりフラは最も情緒的, 音楽的で美しくリズミカルな隠喩的な文化だからです。

ハワイ語は極めて音楽的でリズミカルな言語です / コダック・フラ・ショウ

## ザ・バスに乗る1

ザ・バスを利用すればいろいろな場所に行くことが可能です

---

# Is this the right bus for the Ala Moana Center?
〈 イズ ズィス ザ ライト バス フォー ザ アラモアナ センター 〉
このバスはアラモアナ・センター行きのバスですか？

---

» *Does this bus stop at the Ward Centre?*
〈 ダズ ズィス バス ストップ アット ザ ワードセンター 〉
このバスはワードセンターに停まりますか？

» *Which bus goes to Waikiki?*
〈 ウィッチ バス ゴウズ トゥー ワイキキ 〉
どのバスがワイキキに行きますか？

» *Where is the bus stop?*
〈 ホエアー イズ ザ バス ストップ 〉
バス乗り場はどこにありますか？

## その他の基本会話例

> *Which bus line should I take to the downtown area?*
> 〈ウィッチ バスライン シュッド アイ テイク トゥー ザ ダウンタウン エリア〉
> ダウンタウン周辺地区へはどのバス線に乗ればいいのですか？

> *You can take bus Number 2.*
> 〈ユー キャン テイク バス ナンバー トゥー〉
> 2番のバスです。

> *How long does it take from here to the Waikiki?*
> 〈ハウ ロング ダズ イットゥ テイク フラム ヒア ツゥー ザ ワイキキ〉
> ここからワイキキまでどのくらい時間がかかりますか？

> *How far does it take from here to the Waikiki?*
> 〈ハウ ファー ダズ イットゥ テイク フラム ヒア ツゥー ザ ワイキキ〉
> ここからワイキキまでどのくらいの距離ですか？

> *When do I pay the fare?*
> 〈フェン ドゥー アイ ペイ ザ フェアー〉
> 運賃はいつ払えばいいのですか？

> *Where can I get a ticket?*
> 〈ホエアー キャナイ ゲッタ ティケットゥ〉
> 切符はどこで買えますか？

> *How often does the bus run?*
> 〈ハウ オッフン ダズ ザ バス ラン〉
> バスはどのくらいの間隔で走っていますか？

> *When does the next bus leave Ala Moana for the Waikiki?*
> 〈フェン ダズ ザ ネクスト バス リーヴ アラモアナ フォー ザ ワイキキ〉
> アラモアナ発，ワイキキ行きバスの次のバスは何時ですか？

> *Where should I change the bus?*
> 〈ウエアー シュッド アイ チェインジ ザ バス〉
> どこでバスを乗り換えればいいのですか？

> *May I sit here?*
> 〈メイ アイ スィット ヒア〉
> ここに座ってもいいですか？

> *Is this seat taken?*
> 〈イズ ディス シィート テイクン〉
> この席は空いていますか？

— ザ・バスに乗る 1

ルート番号を必ず確認しよう／クヒオ通りにあるザ・バスの乗り場の表示

## わくわくポイント

### ザ・バスはハワイ住民の足で, 色々な場所へ行けます

　「*The Bus*」（ザ・バス）は，ハワイ住民にとっての大切な足です。オアフ島内の全域において主要な観光スポットに路線網を完備し，これをうまく利用すれば，他の交通機関よりもリーズナブルな料金でいろいろな所に行くことが可能です。バスの絵が描かれている小さな看板（写真参照）がバス停の印で，クヒオ通り等では，2ブロックごとにバス停があり，どなたでもすぐに見つけることが可能です。行き先は，バス正面のフロントガラスの上に，大きく「ルート・ナンバー」と「行き先」（*Waikiki* 等）が表示されているので，それらをよく注意しながら乗車することが「わくわくポイント」です。また乗り方は，バス前方のドアから乗車し，最初に運転手の横に設置されている料金箱にお金を入れることになっていますが，つり銭が戻らないので注意が必要です。そしてそのバスに対して，「～行きですか」と訪ねたい時は，「*Is this the right bus for ~ ?*」もしくは，「*Does this bus stop at ~ ?*」と言うのが定番です。

### さらにこだわりポイント
### ザ・バスは障がい者の方々にとってもあたたかい乗り物です

　ザ・バスは，アラモアナ・センター（海側と山側）を中心に，島内のあらゆる地域をカバーし，約60のルートがあります（巻末の地図参照）。観光ルート例としては，「観光名所コース」（ワイキキ水族館→ビッショップ博物館→ダウンタウン→ドンキホーテ→ワイキキ），「自然コース」（ダイヤモンド・ヘッド→ハナウマ湾→シーライフパーク→ワイキキビーチ），「お買い物コース」（カハラモール→ビッグシティ・ダイナー→チャイナタウン→カマカ・ウクレレ）等があり，これらのモデルコースを参考にしてご自身のオリジナルの観光プランを計画することが，「さらにこだわりポイント」です。また目的地へ少しでも早く到着したいという方には，バスの急行便である *City Express!*（エキスプレス・バス）が運航されており，特に遠方に向かう方々にとっては便利です。またバスのほとんどは，車イスに対処可能な設備を有しているので，もしその方が乗車する場合には，運転者の指示により，乗車者全員が協力して対応することが強く求められています。

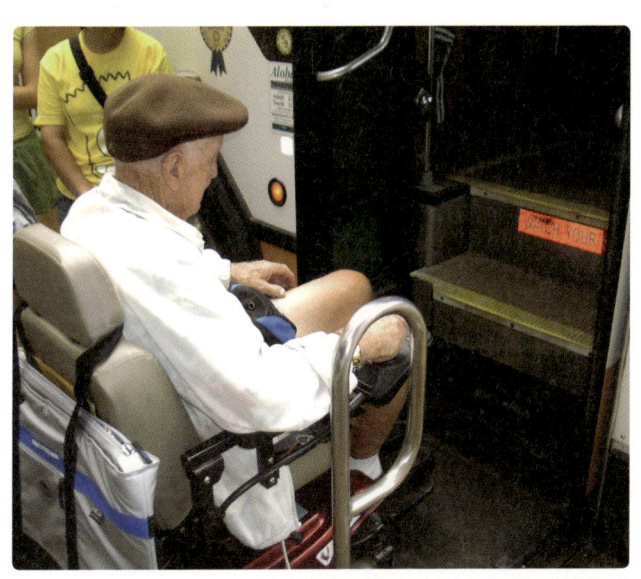

ザ・バスは障がい者の方々にとっても優しい乗り物です

# ザ・バスに乗る2

バスを降りたい時は，窓等にぶら下がっているヒモをひっぱることを忘れずに

## Transfer Ticket, please.
〈トランスファー ティケットゥ プリーズ〉
**乗り換えのチケットをください。**

» *Transfer, please.*
〈トランスファー プリーズ〉
乗り換え券をください。

» *How do I let you know that I want to get off?*
〈ハウ ドゥアイ レット ユー ノウ ザット アイ ワント トゥー ゲット オフ〉
どのように降りたいということを知らせればいいのですか？

» *Just pull the cord.*
〈ジャスト プル ザ コード〉
ただひもを引っ張ってください。

## その他の基本会話例

> *Where am I supposed to change?*
> 〈ウエア アム アイ サポウズド トゥー チェインジ〉
> どこで乗り換えればいいですか?

> *Please tell me when we get there.*
> 〈プリーズ テル ミー フェン ウィ ゲット ゼア〉
> そこに着いたら教えてください。

> *This is our stop!*
> 〈ズィス イズ アワ ストップ〉
> これは私達が降りるところです。

> *Oh, I will get off!*
> 〈オウ アイ ウィル ゲット オフ〉
> あっ、降ります!?

> *I'm getting off!*
> 〈アイム ゲッティング オフ〉
> 降ります!

> *I'll get off here.*
> 〈アイル ゲットゥ オフ ヒアー〉
> ここで降ります。

> *Where can I get a bus pass?*
> 〈ウエア キャナイ ゲッタ バス パス〉
> どこでバスの定期券が買えますか?(バス・パスは1か月有効の定期券もある)

> *Where can I get an Oahu Discovery Passport?*
> 〈ウエア キャナイ ゲット アン オアフ ディスカバリー パスポート〉
> どこでディスカバリー・パスポート乗車券を手に入れられますか?(4日間有効)

> *The bus pass can be purchased at 7-11stores.*
> 〈ザ バス パス キャンビー パーチェスト アット セブンイレブン ストアーズ〉
> ザ・バスの定期券はセブンイレブンのお店で買うことができます。

> *You can buy ticket at University of Hawaii.*
> 〈ユーキャン バイ ティケットゥ アット ユニバーシティ オヴ ハワイ〉
> ザ・バスの定期券はハワイ大学で買うことができます。

> *You can buy the four consecutive days passport at ABC stores.*
> 〈ユー キャン バイ ザ フォー コンセキュティヴ ディズ パスポート アット エイビーシーストアーズ〉
> ABCストアーで連続した4日間のパスポートチケットを買うことができます。

― ザ・バスに乗る2

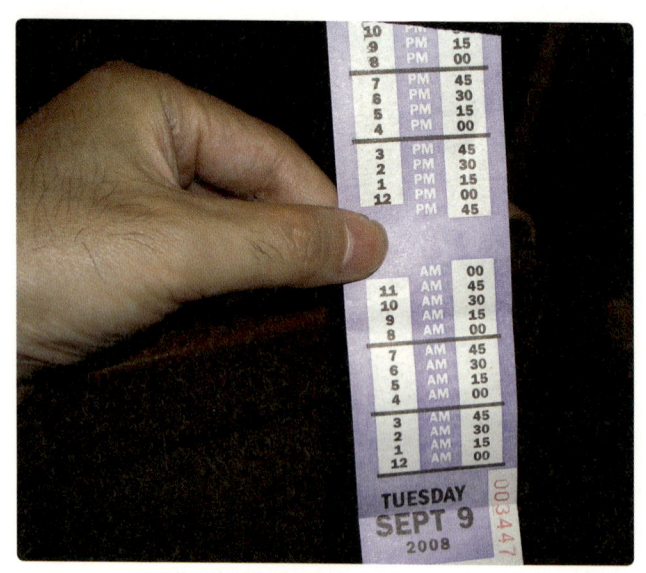

乗り換えが必要な場合は必ず「トランスファー・チケット」を入手しよう！

## わくわくポイント

### 乗り換える場合は「*Transfer, please*」が定番

　「*The Bus*」（ザ・バス）で直接目的地まで行くことが出来ない場合は，「*Transfer, please.*」（トランスファー・プリーズ）と告げれば無料で運転手さんが乗り継ぎチケットを渡してくれます（何も言わなくても渡してくれる場合もある）。乗り換えは2時間以内に1回までが可能で，次の（別の）バスに乗り換えて乗車する際に，入手した「トランスファー・チケット」（写真参照）を渡せばOKです。またバスを降りる時は，降車のタイミングを判断して，バス内の窓のところに設置されている「（ぶら下っている）ひも」を引けば次の停車のサインを意味する「*Stop Requested*」（次停まります）が前方に表示されます。バスが止まって降車する時は，先ずステップを1段降りてから，ドアーの「バー」に軽く触れるとドアーが開くシステムになっています。日本のバスとは違って，そのまま「ぼおーっと」立っていると，降りるタイミングを逃してしまう場合もあるので注意が必要です。

### さらにこだわりポイント

## 長期滞在者の場合は，1か月有効の定期券「*The Bus Pass*」が便利

　ここまで挑戦すればかなりの上級者レベルですが，「The Bus」（ザ・バス）には，車体正面に自転車を運ぶことが可能な金属製の「Bike Racks」（バイク・ラックス）が装備されていることが多く，タイヤのサイズに関わらず2台まで積載が可能です。ある目的地において自転車を使用したい方や復路（帰り）で自転車を走行させたい方にとっては是非挑戦してみましょう。またホノルルでの長期滞在者にとっては，1か月有効の定期券（乗り降り自由で全ルートに有効）や，4日間乗り放題のパスポートがおすすめで，島内のセブンイレブン，フードランド，ハワイ大学やワイキキでよく見られるＡＢＣストアー（但し4日間のパスポートの販売のみ）で入手することが可能です。

　このようにザ・バスは「ハワイ住民の重要な足」で，いろいろな所にリーズナブルな料金で利用することが出来ます。それは便利なタクシーや観光バスとは違った体験を創出し，かつての団体旅行にみられた「物見遊山」的な作られた体験ではない，何か「わくわくするハプニング」等をもたらす創造的な交通機関なのです。

長期滞在の場合には，4日間有効のパスや1か月有効の定期券がお勧めです

## レンタカーを借りる 1

予約があると手続きが簡単です / ワイキキ地域にあるレンタカー・ブース

## I'd like to rent a car.
〈アイド ライク トゥー レンタ カー〉
車を借りたいのですが。

» *What size car would you like?*
〈ワット サイズ カー ウッジュウ ライク〉
どのサイズの車がよいですか？

» *I'd like a medium-sized car.*
〈アイド ライク ア ミーディアム サイズド カー〉
中型車サイズをお願いします。

» *Do you have a convertible?*
〈ドュ ユー ハヴ ア コンヴァーティブル〉
オープンカーはありますか？

## その他の基本会話例

> *What kind of car?*
> 〈ワット カインド オヴ カー〉
> どんな車種ですか？

> *A compact car, please.*
> 〈ア コンパクト カー プリーズ〉
> 小型車をお願いします。

> *Do you have a full-sized car?*
> 〈ドゥ ユー ハヴ ア フルサイズド カー〉
> 大型の車はありますか？

> *Do you have a compact wagon?*
> 〈ドゥ ユー ハヴ ア コンパクト ワゴン〉
> 小型のワゴン車はありますか？

> *Can I see the car?*
> 〈キャナイ スィー ザ カー〉
> 車を見ることが出来ますか？

> *How much is the rate?*
> 〈ハウ マッチ イズ ザ レイト〉
> 料金はいくらですか？

> *I'd like to rent a car for three days.*
> 〈アイドゥ ライク トゥー レンタカー フォー スリー ディズ〉
> 3日間車を借りたいのですが。

> *Do you have a reservation for a car?*
> 〈ドゥ ユー ハヴ ア リザ**ヴェ**イション フォー ア カー〉
> 予約はしていますか？

> *Can I see your driver's license?*
> 〈キャナイ スィー ユア ドライヴァーズ ライセンス〉
> 免許証を見せていただけませんか？

> *Would you check it and sign here?*
> 〈ウッジュウー チェック イットゥ アンド サイン ヒア〉
> こちらに署名をいただけませんか？

> *How do I get to Tantalus?*
> 〈ハウ ドゥ アイ ゲット トゥー タンタラス〉
> タンタラスの丘にはどう行けばいいのですか？

―― レンタカーを借りる1

ハワイでのレンタカーは出来ればコンヴァーチブル（オープン・カー）がおすすめです

### わくわくポイント

**レンタカーを借りる時は「*I'd like to rent a car.*」が定番**

　レンタカーを借りる時の留意点は，まず予約をすること。次に車のサイズや車種を決めること。そして保険内容や加入および給油方法（78頁参照）をしっかりと確認することです。日本とは交通ルール（特に右側通行）が相違することにも注意が必要です。レンタカーを借りる時の会話術やその順序は，「*I'd like to rent a car.*」→「*What kind of car?*」→「*A compact size car, please.*」です。前もって予約しておけば借りる際の手続きが簡単に済みます。またレンタカーは，ホノルル空港に到着時において借りることも可能で，その場合には，各レンタカー会社専用バス（移動バス）にて専用ブース（専用チェックイン場所）に移動して手続きすることになります。

　ハワイ州においては日本の免許証で運転することも可能ですが，何らかの事故に巻き込まれる可能性を考慮して，日本から予め国際免許証（都道府県の運転免許センター等で申請）を持参していくほうが賢明です。

## さらにこだわりポイント
### お薦めのポイント地は「タンタラスの丘」「ハナウマ湾」「ノースショア」

　ハワイへ訪れる観光者にとってのレンタカーは最高のわくわく交通手段といえます。旅行業者が手配する観光バスでは決して味わえない異文化体験が期待できることは言うまでもありません。つまりレンタカーという交通手段は，観光したい場所（地域）が「点」でしかなかったものを「線」（遠方への移動）にし，そして「面」（どこへでも自由）に変化させ，そしてやがては「空間」（思わぬハプニングや出会い）へ変化させる手段なのです。それは別言するならば，観光旅行業者による団体企画によってもたらされる「非自由性」から，「任意的」なものへ，あるいは「随意的」なものへと創造的な文脈において進化させるものであると言えるでしょう。ちなみにオアフ島における「わくわくポイント地」をあげるならば，「タンタラスの丘」（ワイキキを見下ろすことが出来る絶景），「ハナウマ湾」（400種類を超える海洋生物と珊瑚），ノースショア（サーフィンのメッカとウミガメ生息地）等があります。出来ればオープンカー（コンヴァーチブル）で早朝から島内一周に挑戦すれば，より「こだわった旅形成」が期待出来るのではないでしょうか。

レンタカーでのお薦めポイント地の1つ「タンタラスの丘」は絶景です

## レンタカーを借りる2

ホノルルでの給油方法は、ほとんどがセルフです

# How do I start the pump?
〈ハウ ドゥ アイ スタート ザ パンプ〉
どうやって給油するのですか？

» *Does this car have a tank of gasoline?*
〈ダズ ディス カー ハヴ ア タンク オヴ **ギャ**ソリーン〉
ガソリンは満タンにしてありますか？

» *I'd like to buy insurance.*
〈アイドゥ ライク ツゥー バイ イン**シュ**ランス〉
保険に入りたいのですが。

» *I'd like to have insurance.*
〈アイドゥ ライク ツゥー ハヴ イン**シュ**ランス〉
保険に入りたいのですが。

## その他の基本会話例

> *Full coverage, please.*
> 〈 フル **カ**ヴァリッジ プリーズ 〉
> 全部の保険に入ります。

> *I'd like full coverage.*
> 〈 アィドゥ ライク フル **カ**ヴァリッジ 〉
> 全部の保険に入りたいのですが。

> *Fill it up with regular, please.*
> 〈 フィル イットゥ アップ ウィズ レギュラー プリーズ 〉
> レギュラー満タンでお願いします。

> *How can I start the pump?*
> 〈 ハウ キャナイ スタート ザ パンプ 〉
> どうやって給油するのですか？

> *The first, you have to do is to select the grade of gasoline.*
> 〈 ザ ファースト ユー ハフトゥ ドゥ イズ トゥー セレクト ザ グレード オヴ **ギャ**ソリーン 〉
> 最初にすることはガソリンの種類を選びます。

> *The second, you can insert the nozzle into your gas tank.*
> 〈 ザ セカンド ユー キャン インサート ザ ナズル イントゥー ユア ガス タンク 〉
> 次に車のガソリンタンクにノズルを入れます。

> *Then, Squeeze the lever, please.*
> 〈 ゼン スクウィーズ ザ レヴァー プリーズ 〉
> それからレバーを握ってください。

> *Return the nozzle, finally.*
> 〈 リターン ザ ノズル ファイナリー 〉
> 最後にノズルを戻してください。

> *How do I get to Hanauma Bay?*
> 〈 ハウ ドゥ アイ ゲット トゥー ハナウマベイ 〉
> ハナウマ湾にはどのように行けばいいのですか？

> *How do I get to Tantalus?*
> 〈 ハウ ドゥ アイ ゲット トゥー タンタラス 〉
> タンタラスの丘にはどう行けばいいのですか？

## レンタカーを借りる2

最初に支払い方法やガソリンの種類を選択！

次にノズルを車のタンクに入れます

そして給油のためにレバーを強く握ります

## わくわくポイント
## ハワイのガソリンスタンドはセルフ・スタイル

　ハワイのガソリンスタンドは，基本的にはセルフ・スタイルです。給油方法に関しての手順は，①「*Select Grade*」(まずガソリンの種類を選ぶ) ②「*Insert the nozzle*」(タンクにノズルを入れる) ③「*Squeeze the lever*」(給油のためにレバーを強く握る) ④「*Return the nozzle*」(ノズルを元の位置に戻す) の順です。後は給油した料金を現金かクレジットカード(ただしクレジットカードの支払いの場合は最初の登録が必要)で支払うシステムになっています。

　「*How*」は，〜のやり方や方法を聞く時に使用され，「*How do I start ~?*」は，「まず最初にどのように〜を始めたらよいのか」とその手順を尋ねる会話術です。途中でわからなくなった場合には，遠慮なく他の給油者に聞くことが大切なポイントです。


## さらにこだわりポイント
## レンタカーを正しく利用し，ハワイの貴重な文化遺産に触れよう！

　通常，レンタカーを借りた場合は，オアフ島全体の地図を無料にて入手できます。その地図をじっくりと見て(研究して)，ご自身の目的地までのアクセス方法を確認することが重要です。オアフ島内においては，「*Heiau*」(ヘイアウ＝古代神殿)や「*Petroglyphs*」(ペトログリフ＝古代彫刻)等の貴重な文化資源(巻末地図参照)が点在します。その貴重な文化自然群が点在する土地(地域)に足を踏み入れるには，緻密な計画プランの立案，交通マナーの遵守はもちろんのこと，さらに自然や文化を崇拝する心や，ハワイに住む人達への畏敬の念が必要であることは言うまでもありません。

　そして世界的リゾート地として有名なオアフ島においても，他のハワイ諸島と同様に次世代に残さなければならない重要な遺産や財産が存在していることも決して忘れてはいけません。

　それらの貴重な遺産が残されている目的地に行くための表現としては，「*How do I get ~?*」(〜へはどう行ったらいいのですか？)が便利で，「*How do I get to "Ulupo Heiau"?*」や「*How do I get to "Koko Head Petroglyphs"?*」と使えます。

朝食をとる（ホテルにて）

朝食は海が臨めるホテルでいただくのがお薦めです / モアナ・サーフライダー・ホテルの中庭

## May I order?
〈メイ アイ オーダァ〉

注文をお願いします。

› *Good morning, Here's a menu.*
〈グッモーニング ヒアズ ア メニュウ〉
おはようございます，メニューです。

› *Could you take my order?*
〈クッジュウ テイク マイ オーダァ〉
注文をしてもいいですか？

› *Pancakes and coffee, please.*
〈パンケーキズ アンド カフィー プリーズ〉
パンケーキとコーヒーをください。

## その他の基本会話例

> *May I have the menu?*
> 〈メイ アイ ハヴ ザ メニュ〉
> メニューをいただけますか？

> *Here you are.*
> 〈ヒア ユー アー〉
> はいどうぞ。

> *Are you ready to order?*
> 〈アー ユー レディ トゥー オーダァ〉
> 注文は決まりましたか？

> *Could you come back a little later?*
> 〈クッジュウ カムバック アリトゥル レイタア〉
> もう少し後で来ていただけますか？

> *A boiled egg and toast, please.*
> 〈ア ボイルド エッグ アンド トースト プリーズ〉
> ゆで卵とトーストをください。

> *Sunny-side up egg, please.*
> 〈サニー サイド アッノ エッグ プリーズ〉
> 片面のみ焼いた目玉焼きをいただけませんか。

> *Soft-boiled egg, please.*
> 〈ソフト ボイルド エッグ プリーズ〉
> 半熟ゆで卵をお願いします。

> *Scrambled egg, please.*
> 〈スクランブルド エッグ プリーズ〉
> いり卵をください。

> *I'd like two eggs over easy.*
> 〈アイド ライク トゥ エッグス オウヴァー イージィ〉
> 卵2個を両面焼き（固く）でください。

> *I'd like two poached eggs.*
> 〈アイド ライク トゥ ポーチド エッグス〉
> 2個の落とし卵をいただけますか。

> *May I have my bill, please?*
> 〈メイ アイ ハヴ マイ ビル プリーズ〉
> 伝票をいただけますか？

> *Here is your check, Sir.*
> 〈ヒア イズ ユア チェック サー〉
> こちらが伝票です。

―― 朝食をとる（ホテルにて）

ハワイのホテルでいただく「パンケーキ」は最高です

### わくわくポイント

## ハワイでの朝食はホテルで食べる「パンケーキ」が最高

　ハワイでの朝食は、ご自身が泊まっているホテル内で、もしくは近くのビーチ沿いのホテル等でいただくのが一番です。つまり青い空、青い海、そして何とも言えない気持ちがいい風にあたりながら食べる朝食は、日本では決して味わうことが出来ない贅沢な空間だからです。特におすすめは、ワイキキ地域のモアナ・サーフライダー、ロイヤル・ハワイアン、ハレクラニ等の各ホテル、カハラ地区での、ザ・カハラホテル等で食べる「Pancakes」(パンケーキ）です。注文する際には最初に「May I order?」と告げてから、「I'd like pancakes, please.」と伝えるのがスマートな言い方です。またそのまま「Pancakes, please」とか「I will pancakes.」でも構いません。

　また食べ物のような名詞に関しては、数えられる名詞と数えられない名詞とに分ける必要がありますが（「a cup of coffee」等）、実際の現場においては、「some coffee」とか、このまま「coffee」だけで十分に通じるので、その使い分けはあまり気にする必要はありません。

## さらにこだわりポイント

### ワイキキ最初のホテルは1901年創設「モアナ・サーフライダー・ホテル」

　ワイキキ・ビーチにある「*Moana Surfrider Hotel*」(モアナ・サーフライダー・ホテル)は，ワイキキ地区において最初(1901年)に建てられた本格的なホテルです。白いコロニアル風の建物は，世界中の観光客から広く愛されていて，特に中庭にある「バニアン・ツリー」は，100年以上の樹齢とされています。ハワイに訪れたら一度このホテルへ足を踏み入れることをおすすめします。その歴史的な重みやこのホテルの特徴である深層的なハワイアン・ホスピタリティ精神に触れることが出来ます。

　しかし「ポスト・コロニアリズム」(新植民地主義)から，ハワイは「身勝手な人間達によって作られた(創られた)楽園ではないか」，という指摘があることにも留意しておかなければなりません。つまり「*Waikiki*」(ワイキキ)とは，ハワイ語では「噴き出す水」という意味であり，ホテルが誕生(1901年)する以前において，この地域は本来「水が豊かに湧き出る静かな沼地」(タロ芋地)であって，その地域を私達人間が身勝手に(あるいは一方的)この聖地を世界的な観光地へと変貌させたものかもしれないからです。

モアナ・サーフ・ライダーはワイキキ地区において最初に創立されたホテルです

昼食をとる（地方にて）

「フォー・ヒア・オア・トゥー・ゴー」は決まり文句です / 場所はレインボウ・ドライブイン

## For here or to go?
〈フォー ヒア オア トゥー ゴー〉
こちらで食べますか？ それともお持ち帰りですか？

» *Here will be fine.*
〈ヒアー ウィル ビー ファイン〉
ここで食べます。

» *Would you like it here or to go?*
〈ウッジュウ ライク イットゥ ヒア オア トゥー ゴー〉
こちらで食べますか？ それともお持ち帰りですか？

» *Can I have some ketchup?*
〈キャナイ ハヴ サム **キャチャップ**〉
ケチャップをいただけませんか？

昼食をとる（地方にて）

## その他の基本会話例

> *What's today's special?*
> 〈ワッツ トゥディズ スペシャル〉
> 今日のおすすめは何ですか？

> *What Do you recommend?*
> 〈ワッツ ドゥー ユー レコメンドゥ〉
> 今日のおすすめは何ですか？

> *What kind of dish is this?*
> 〈ワッツ カインド オヴ ディッシュ イズ ディス〉
> これはどんな料理ですか？

> *Could you bring me the ketchup?*
> 〈クッジュウ ブリング ミー ザ キャチャップ〉
> ケチャップを持ってきていただけませんか？

> *Iced coffee, please.*
> 〈アイスト カフィー プリーズ〉
> アイスコーヒーをください。

> *I ordered iced coffee, not hot coffee.*
> 〈アイ オーダァ ド アイストカフィー ノット ハッカフィー〉
> ホットコーヒーではなく，アイスコーヒーを頼んだのですが。

> *Can we share the hamburger?*
> 〈キャン ウィ シェア ザ ハンバーガー〉
> 私達はそのハンバーガーを分けて食べることが出来ますか？

> *We are going to share the dish.*
> 〈ウィ アー ゴウイング トゥー シェア ザ ディッシ〉
> みんなで分けて食べたいのですが。

> *We want to share, Separete plates, please.*
> 〈ウィ ワンツー シェア セパレート プレーツ プリーズ〉
> 取り分けてほしいのですが。

> *Doggie bag, please.*
> 〈ドーギー バッグ プリーズ〉
> 持ち帰りたいのですが。

── 昼食をとる（地方にて）

「トゥー・ゴー・プリーズ」は家に持ち帰りたい時の決まり文句です

### わくわくポイント

#### ファースト・フード店での定番は「*For here or to go?*」

　ファースト・フード店やハンバーガーショップ店で聞かれる「*For here or to go?*」は，「*Would you like it here or to go?*」の前半部分が省略されたものです。単に「*For here?*」と尋ねられたり，「*Eat in?*」（こちらで召しあがりますか？）と聞かれたりすることもあります。日本で一般的に使われている「*Take out*」（テイクアウト）は，ハワイ（米国）ではあまりポピュラーな表現ではないことに注意しましょう。

　また英語ではよく省略して使われることが多く，上記ような主語がない表現は，とにかく何回も口に出して，そのイントネーションやリズムをしっかりと覚えることが重要な「わくわくポイント」です。また残りものを家に持って行きたい時には，「*Doggie bag, please.*」（ドーギーバッグ・プリーズ）が定番です。「*Doggie*」とは，「子犬，わんわん」という意味で，「*Doggie bag*」とはその発展的な意味として「食べ残しを入れる袋」を意味します。この表現はよく使われるので，必ずマスターしておきましょう。

## さらにこだわりポイント

### ピジン・イングリッシュとは，たくさんの言語によって出来た混成語

　コーヒーが好きな方々にとっては，ハワイのような温かい場所では，とかくアイスコーヒーが注文したくなります。しかし英語で「*ice coffee*」と言っても通じない場合が多く，正確には「*iced coffe*」(アイスト・カフィー)と発音しなければなりません。同様に「*ice tea*」(アイス・ティ)も正確には「*iced tea*」(アイスト・ティー)になります。またレモンティは「*tea with lemon*」，ミルクティは「*tea with milk*」が正しい言い方です。

　しかしハワイは，いろいろな民族が混在する多民族社会(サラダボール社会)であることから，その延長として多様な文化や言語の融合な社会であるということを忘れてはいけません。特に言語に関しては多様な言語が混ざり合って誕生した「*Pidgin English*」(ピジン・イングリッシュ)が現在でも広く使われています。ピジン・イングリッシュとは，一般的な定義としては，いろいろな民族の影響を受けた言語のことを言いますが，そのような視点から言語を考えると，そもそも言語とは，「その民族の文化性を表すものであり」，表面的な記号や象徴を意味する発音自体(記号)は，あまり気にする必要がないかもしれません。

### ピジン・イングリッシュ例

ちなみにハワイでみられる「ピジン・イングリッシュ」例は以下のようなものがあります。覚えておくと便利です。

| | |
|---|---|
| ・*Brah* (ブラー) | 「やあ」と呼びかける時に使う。親友，兄弟のこと。 |
| ・*You ra* (ユーラ) | あなたたち |
| ・*Me ra* (ミーラ) | 私たち |
| ・*Komo mai* (コモマイ) | いらっしゃい |
| ・*Bumby* (バンバイ) | あとで |
| ・*Ya?* (ヤア) | 〜だよね？　〜ね! |
| ・*Shoots* (シューツ) | 賛成！ |
| ・*K-Dens* (ケイ・デンズ) | オッケイ，わかった |

> 昼食をとる（ハワイの料理）

レインボウ・ドライブインはローカルフード（ロコモコ）をリーズナブルな料金で食べさせてくれます

## Loco Moco, please.
〈ロコ　モコ　プリーズ〉

ロコモコをください。

> *What's this?*
〈ワッツ　ディス〉
これは何ですか？

> *What's in Loco Moco?*
〈ワッツ　イン　ロコ　モコ〉
ロコモコの中身は何ですか？

> *How do you eat this?*
〈ハウ　ドゥ　ユー　イート　ディス〉
これはどのように食べるのですか？

## その他の基本会話例

> *What's that? What's in it?*
> 〈ワッツ ザット ワッツ イン イットゥ〉
> あの料理は何ですか？ 中身は何ですか？

> *What's in this salad?*
> 〈ワッツ イン ディス サラダ〉
> サラダの中身は何ですか？

> *That's Lau Lau.*
> 〈ザッツ ラウ ラウ〉
> あれはラウラウ（カルアポークまたはチキン料理）という料理です。

> *Lau means "leaf" in the Hawaiian language.*
> 〈ラウ ミーンズ リーフ イン ザ ハワイアン ランゲージ〉
> ラウとは，ハワイ語で「葉っぱ」を意味します。

> *'Ahi means "tuna" in the Hawaiian language.*
> 〈アヒ ミーンズ ツナ イン ザ ハワイアン ランゲージ〉
> アヒとは，ハワイ語で「マグロ」を意味します。

> *Poke, please.*
> 〈ポケ プリーズ〉
> ポキ（マグロを塩，醤油，ゴマ油等で味付けしたハワイのお惣菜）をください。

> *I'a lomi, please.*
> 〈イア ロミ プリーズ〉
> ロミロミ・サーモン（サーモンとトマト等を手でもんだサラダ）をください。

> *It's a pua'a kālua.*
> 〈イッツ ア プアアア カールア〉
> それはカルア・ピッグ（豚肉を焼いたハワイの伝統料理）です。

> *It's a poi.*
> 〈イッツ ア ポイ〉
> それはポイ（タロ芋をつぶして作るハワイの伝統的な主食）です。

— 昼食をとる（ハワイの料理）

ローカル・フードで人気のある「サイミン」（左）と「ロコモコ」（右）

## わくわくポイント

### ハワイの伝統料理に挑戦してみよう！

　ハワイの伝統的な料理をあげると，「*Locomoco*」（ロコモコ＝ハンバーグの上に目玉焼きがあり，グレービーソースをかけたもの），「*Lau Lau*」（ラウラウ＝豚，鳥，魚等をハワイの葉っぱで包んで土の下で焼いたもの），「*Poke*」（ポキ＝マグロを塩，醤油，ごま油等で味付けしたもの），「*Lomi Lomi Salmon*」（ロミロミ・サーモン＝スモーク・サーモンとトマト，ねぎが入ったサラダ），「*Kaua Pig*」（カルア・ピッグ＝お祝いの席などに豚を丸ごとバナナの葉で包み土の中で蒸し焼きにしたもの）等があります。ハワイの伝統料理を体験することは，ハワイの食文化に触れること，そしてハワイの深層的な文化に触れることを意味します。出来るだけハワイ語を使って注文することに挑戦してみましょう。

　ハワイの料理名の中には，ハワイ語ではない食名があることに注意が必要です。ハワイではよく食べられている「ロコモコ」はハワイ語ではありません。またハワイで最も大衆的な「おにぎり」である「*Spam Musubi*」（スパム・ムスビ）は，英語（缶詰名）と日本語が結びついた言葉です。

## さらにこだわりポイント
### ハワイ語の修得はハワイ食文化の体験から

　最近ではレストランのメニューにおいてもハワイ語が使われていることが多くなっています。前菜においては、「*pū pū*」(オードブル一般)、「*lomi lomi salmon*」(塩、鮭、トマト等のサラダ)、「*poke*」(角切りにした香料や薬味であえた魚介類)、「*limu*」(食用になる海草)等です。メインコースにおいては「*Huli huli*」(フリフリ・チキン)、「*i'a*」(魚、カツオ、キハダ、カジキマグロ、シイラ、マルアジ、オイルフィッシュ等)、「*pua'a*」(豚、ポーク)、「*kalua*」(豚、チキン等)、「*lau lau*」(カルアポーク、またはチキン)、「*manapua*」(中国風の肉饅頭)、「*moa*」(チキン、鶏)、「*moa me ka laili loloa*」(とり肉と春雨の料理)、「*pipi*」(ビーフ)、「*pipi kaula*」(ビーフジャーキー)、「*opupipi*」(牛の胃袋シチュー)等です。またデザートにおいては、「*haupia*」(ココナッツで作ったクリームプディング)、「*kulolo*」(茹でたタロ芋とココナッツのクリームプディング)などがあります。さらに飲み物に関しては「*maitai*」(ラム酒とフルーツジュースを混ぜ合わせたもの)、「*'okole hau*」(ティーの根を蒸留して造ったお酒)、「*pia*」(ビール)、「*waina*」(ワイン)等です。

こちらもローカルの人達に人気がある「スパム・ムスビ」(スパム・おにぎり) 食文化です

夕食（レストランにて）

ワイキキにはたくさんのレストランがあります / アランチーノ

## What are today's specials?
〈 ワット　アー　トゥデイズ　スペシャル 〉
### 今日のオススメ料理は何ですか？

› *What's today's special?*
〈 ワッツ　トゥデイズ　スペシャル 〉
今日の特別料理は何ですか？

› *What do you recommend?*
〈 ワット　ドゥ　ユー　レコメンド 〉
お薦めの料理は何ですか？

› *Today's special, please.*
〈 トゥデイズ　スペシャル　プリーズ 〉
今日の特別料理をください。

## その他の基本会話例

» *Can I have the same dish as that, please.*
〈キャナイ ハヴ ザ セイム ディッシ アズ ザット プリーズ〉
あれ（料理）と同じものをいただけますか？

» *How would you like your steak?*
〈ハウ ウッジュウ ライク ユア ステイク〉
ステーキの焼き加減はどのようにしますか？

» *Well-done, please.*
〈ウエル ダン プリーズ〉
じっくり焼いてください。

» *Medium, please.*
〈ミーディアム プリーズ〉
普通の焼き具合にしてください。

» *Medium-rare, please.*
〈ミーディアム レア プリーズ〉
普通よりやや弱めに焼いてください。

» *Rare, please.*
〈レア プリーズ〉
生焼きでお願いします。

» *My order hasn't come yet.*
〈マイ オーダ ハスント カム イエット〉
注文したものがまだ来ていないのですが。

» *This isn't what I ordered.*
〈ズィス イズント ワット アイ オーダード〉
これは注文したものと違います。

» *Do you accept traveler's checks?*
〈ドゥー ユー アクセプト トゥラヴラーズ チェックス〉
トラベラーズ・チェックは使えますか？

» *Do you take this credit card?*
〈ドゥー ユー テイク ズィス クレディト カード〉
このクレジット・カードは使えますか？

» *Is the service charge included?*
〈イズ ザ サーヴィス チャージ インクルーデッド〉
サービス料は含まれていますか？

―― 夕食（レストランにて）

支払い時には，チップを忘れないで / ザ・カハラ・ホテル内のレストラン

**わくわくポイント**

## 支払いはサービス料とチップ代の確認が大切

　ハワイのレストラン等で，特に食べたいものが決まってない時には，「*What are today's special?*」と聞くのが会話の定番です。また「*What do you recommend?*」とか，より簡単に「*Today's special, please.*」と聞くことも出来ます。ウエーターやウエイトレスからよく質問されることは，「*How would you like the steak?*」（肉の焼き加減），「*What kind of dressing?*」（サラダ等のドレッシングの種類），「*When do you want your coffee?*」（コーヒー等を依頼した時の食前か食後か）などです。これらの質問に対しては予めどのように答えたらいいのかを整理しておくことも重要な「わくわくポイント」です。

　さらに食事におけるその「場」における流れやタイミングをしっかりとマスターしておくことも同様に重要なポイントです。また支払いに関して，トラベラーズ・チェックやカードが使用できるか否かの質問は，「*Do you accept ~?*」が定番です。さらにカードの支払いにおいての留意点は，「サービス料がその中に含まれているのか？」，「チップはその中に含まれているのか？」等を確認することです。

## さらにこだわりポイント

### チップを渡す文化の通底理念を考えてみましょう！

　ハワイのレストラン等での支払いは，そのテーブル担当のウエイターやウエイトレスを直接呼んで「*Check, please.*」で済ませます。カードで支払う場合は，チェック（勘定書）をよく確認して，チップ代（平均は15％）を上乗せして書き込んでから（例えば15％→$15.00），サインするのが一般的です。またキャッシュ（現金）で支払う場合には，テーブルの上（勘定書にはさんで）でチップとともに置いていきます。さらに重要なことは，ご自身が適切な額の金額を持ち合わせてなく，お釣りをもらう必要がある場合には，「*Could you bring the change?*」（お釣りをいただけますか？）と告げながら，勘定書と現金を一緒に渡し，後ほどもらったお釣りの中から，チップの分だけ置いて席を立つというスマートな流れです。

- *Service Charge*　サービス料
- *Tax*　税金
- *Subtotal*　小計
- *Signature*　署名
- *Cover Charge*　テーブル料，席料
- *Tip/Gratuity*　チップ
- *Total*　合計
- *Print Name*　活字体で書かれた名前

現金で支払う場合は，勘定書にはさんでチップとともに置いていきましょう

## ショッピング1

アラモアナ・センター内にあるアロハシャツ専門店 / レインズ

## Can I try it on?
〈 キャナイ トライ イットゥ オン 〉
試着してもいいですか？

> *Can I try them on?*
〈 キャナイ トライ ゼム オン 〉
それらを試着してもいいですか？

> *Do you have this in a smaller size?*
〈 ドゥーユー ハヴ ディス インナ スモーラー サイズ 〉
もっと小さいサイズありますか？

> *Do you have this in a bigger size?*
〈 ドゥーユー ハヴ ディス インナ ビガー サイズ 〉
もっと大きいサイズありますか？

## その他の基本会話例

» *May I try this one on?*
〈メイ アイ トライ ディス ワン オン〉
これを試着してもいいですか？

» *How do I look?*
〈ハウ ドゥアイ ルック〉
どう，似合いますか？

» *It looks nice on you.*
〈イットゥ ルックス ナイス オン ユー〉
よく似合います。

» *This is just my size.*
〈ディス イズ ジャストゥ マイ サイズ〉
これはピッタリですよ。

» *It doesn't fit.*
〈イットゥ ダズントゥ フィットゥ〉
サイズが合いません。

» *It's too long.*
〈イッツ トゥー ロング〉
長すぎます。

» *It's too short.*
〈イッツ トゥー ショートゥ〉
短すぎます。

» *Do you have a lighter (darker) color?*
〈ドゥーユーハヴァ ライター（ダーカ -）カラー〉
もう少し明るめ（暗め）の色はありますか？

» *Do you have a showy (simple) one?*
〈ドゥーユーハヴァ ショウイ（シンプル）ワン〉
もう少し派手な（地味な）ものがありますか？

» *Do you have a larger (looser) size?*
〈ドゥーユーハヴァ ラージア（ルーサー）サイズ〉
もう少し大きい（ゆるい）サイズがありますか？

» *I'll take it.*
〈アイル テイク イットゥ〉
それにします。

— ショッピング 1

日本人にとってアロハシャツは少し大きいようです / アラモアナ・センター内のシアーズ

**わくわくポイント**

## 「もっと小さめ」とか「もっと大きめ」は比較級を使いましょう！

　「Can I ~」は，相手の許可を求める時に使います。試着するは「try on」ですので,「試着してもいいですか？」を聞く場合は「Can I try ~ on?」となります。また日本人は比較的，身体が小さいので試着した際に必ず尋ねなければならないい定番は，比較級を取り入れた「*Do you have a smaller size?*」（もっと小さいサイズはありますか？）です。

　日本の「9号」は，ハワイ（米国）では「10号」, 日本の「11号」は「12号」に相当します。また婦人靴の場合は, 日本の「23cm」はハワイでは「5½」,「24cm」はハワイでは「6½」に相当します。

　またいろいろ試した後に「これにします！」という定番は,「*I'll take it!*」（アイル・テイク・イットゥ）です。「ただ見ているだけ」と言いたい時は,「*Just looking, Thank you!*」と伝えれば，ゆっくりと他の商品の品定めをすることが出来ます。

### さらにこだわりポイント

### 会話術に必要なことは子供達が使っている「よく働く単語」を身につける

　海外の子供（例えば4～6歳）の語彙数は約300～500語です。そんな少ない語彙数でもキチンと会話が成立しているのはなぜでしょうか？　その答えは，極めて重要な単語（よく働く単語）をしっかりと覚えて，それらの語彙をうまく組み合わせながら巧みに使っているからです。その重要な単語（よく働く単語）とは，「*have*」「*get*」「*give*」「*do*」「*make*」「*come*」「*bring*」「*take*」「*go*」等です。さらにこれらの単語を基本にして様々な「前置詞」を巧みに「くっつける」ことによって子供会話術を成立させているのです。よって会話術をキチンと身につけたいのであれば，子供会話術を参考にすることが重要であり，5000語以上の単語数の修得が必要とされる大学入試のための学習方法とは明らかに異質であるということを理解しなければいけません。例えば今回の会話術場面（ショッピング等）において使用されている単語を検証すると，中心となる単語は「*have*」「*take*」「*try*」等で，明らかに大学受験に必要な単語ではなく，上述の4～6歳の間で話されている初歩の単語と言えます。

子供の語彙数は極めて少ないにも拘わらず会話が成立しています／ワイキキ・コミュニティ・センター内で遊ぶ子供たち

## ショッピング2

ワイキキ・ビーチで海水浴を楽しむ人達

## Do you have any good sunscreen?
〈ドゥ ユー ハヴ エニィ グッド サンスクリーン〉

**日焼け止めはありますか？**

》 *Which sunscreen is the best?*
〈ウイッチ サンスクリーン イズ ザ ベスト〉
どの日焼け止めが一番いいですか？

》 *Which sunscreen is most popular?*
〈ウイッチ サンスクリーン イズ モウスト ポピュラー〉
どの日焼け止めが人気ありますか？

》 *I have an allergy to something.*
〈アイ ハヴ アン **ア**ラジー ツゥー サムシング〉
私は何かのアレルギーを持っています。

## その他の基本会話例

> *Do you have any good sunblock?*
> 何かいい日焼け止めはありますか？

> *Should I put any sunscreen on?*
> 日焼け止めを塗るべきですか？

> *I was bitten by a bug. It's itchy.*
> 虫に刺されました。かゆいんです。

> *I have a stinging pain.*
> 刺すような痛みがあります。

> *I would like supplements with plenty of "β-carotene".*
> ベータカロチンが多く入ったサプリメントがほしいのですが。

> *Where are the other kinds of vitamins?*
> 他の種類のビタミンはどこにありますか？

> *We have some medications here.*
> こちらにいくつかの薬があります。

> *Could you come down a little?*
> 少しまけていただけませんか？

> *Can I have a discount?*
> 値引きできませんか？

> *Would you gift-wrap this?*
> これをプレゼント用に包んでいただけませんか？

― ショッピング2

ハワイは紫外線が強いので対策が必要です / ハナウマ湾で海水浴を楽しむ人達

**わくわくポイント**

## 日焼け止めは「*Sunscreen*」，塗るは「*Put on*」が定番

　特に日本の冬期時（1〜3月）には，ハワイにおいて短時間で日焼けを希望する観光者が多くみられますが，ハワイの日差し（紫外線）は非常に強く，「*Sunscreen Lotion*」（日焼け止めローション）を塗ることをおすすめします。

　「塗る」という動詞は「*put on*」ですが，「*sunscreen*」（日焼け止め）という単語を中に挟んで「*put some sunscreen on*」として表現されます。また他の動詞としては，「*wear 〜*」も使われ，その「*wear*」は本来「着ている」という意味ですが，「身につけているもの」として全般に使用されます。例えば「*wear glasses*」（メガネをかける），「*wear pants*」（ズボンをはく），「*wear a hat*」（帽子をかぶる）等の表現方法です。またハワイでは様々なサプリメントやビタミン剤が売られています。そのサプリメント内容を尋ねたい場合は「*I would like supplements for 〜*」を使うのが便利です。

## さらにこだわりポイント
## サプリメントの中には「魅力的な長くて太いまつ毛」にするものもある

　海外においてサプリメント購入に関しての賛否両論はあるものの，ここハワイにおいても様々なサプリメントや薬を求める観光者達が増えているようです。その中で特に興味深いものをあげると，「ＰＴＸダブルアクション」(シワに有効な60日の集中ケア)，「ドクター・サチ」(96%の高い確率で生える毛生え薬)，「ドクター・ベッカーネオラッシュ」(太いまつ毛をつくる)，「スーパー・コラーゲン」(老化防止，若返りのためのスキンケア)，「プロポリス・カプセル」(健康維持，免疫力強化)，「ノニ」(何千年にも渡ってポリネシアン人に伝えられている万能薬)，「メラトニン」(松果体ホルモンの老化現象防止およびゆ誘眠作用) 等があります。

　これらのサプリメントがほんとうに効果を生じるとすれば，それはおそらくハワイに存在する「*Mana*」(マナ＝神通力) という神聖な力 (パワー) が，さまざまなサプリメント効果を増補しているのではないかと考えます。

カラカウア通りにあるサプリメント専門店 (ネオプラザ)

## 出かける1（地元のコミュニティに触れる）

カピオラニ・コミュニティ・カレッジ内で実施される朝市はたくさんの観光客が訪れます

> # Why don't you go to Farmers' Market?
> 〈ホアイ ドンチュー ゴゥ トゥー ファーマーズ マーケット〉
> ファーマーズ・マーケット（青物市）に行きませんか？

» *Let's go to the KCC Farmers' Market.*
〈レッツ ゴゥ ツゥー ザ ケイシーシー ファーマーズ マーケット〉
KCCのファーマーズ・マーケットに行きましょう。

» *Why not go to the KCC Farmers' Market?*
〈ホアイ ノット ゴゥ ツゥー ザ ケイシーシー ファーマーズ マーケット〉
KCCのファーマーズ・マーケットに行きませんか？

» *I'm lost. Where am I on this map?*
〈アイム ロスト ウエア アム アイ オン ディス マップ〉
道に迷いました。この地図上で私はどこにいるのですか？

## その他の基本会話例

> *Please tell me today's specials in KCC Farmers's Market.*
> 〈プリーズ テルミー トゥディズ スペシャルズ イン ケイシーシー ファーマーズ マーケット〉
> 今日のファーマーズ・マーケットの中で特別なものを教えてください。

> *Today's specials are Hawaiian Foods and Maui Onion rings.*
> 〈トゥディズ スペシャルズ アー ハワイアン フーズ アンド マウイ オニオンリングス〉
> 今日の特別なものは，ハワイアンフードとマウイ・オニオン・リングです。

> *Which row can I have local grown fruits and vegetables?*
> 〈ウイッチ ロウ キャナイ ハヴ ローカル グロウン フルーツ アンド ベジタブルズ〉
> どの列（並び）で地方の新鮮な果物や野菜を手に入れられますか？

> *A selection of organic prepared foods are " Row B".*
> 〈ア セレクション オヴ オーガニック プリペアド フーズ アー ロウ ビー〉
> 選ばれた有機栽培の販売の列は「B」です。

> *Would you show me the way to flea market at Aloha Stadium?*
> 〈ウッジュー ショウ ミー ザウエイ ツゥー フリーマーケット アット アロハ スティジアム〉
> アロハスタジアムのフリーマーケット（ノミの市）までの道を教えていただけませんか？

> *How long will it take from here to KCC by foot?*
> 〈ハウ ロング ウィル イットゥ テイク フロム ヒア トゥー ケイシーシー バイフット〉
> ここからKCCまで歩いてどのくらいかかりますか？

> *Is it your first time to visit this Hawaii?*
> 〈イズ イットゥ ユア ファースト タイム トゥー ヴィズィト ズィス ハワイ〉
> ここハワイは初めてですか？

> *What do you do in Hawaii?*
> 〈ワット ドゥーユードゥー イン ハワイ〉
> ハワイではどんなお仕事をしているのですか？

— 出かける1（地元のコミュニティに触れる）

KCCのファーマーズ・マーケットでは，メイド・イン・ハワイの新鮮な果物，野菜，ジュース，コーヒー等を入手することが可能です

## わくわくポイント

### 「*Why don't~*」，「*Why not~*」，「*Let's~*」はどれも同じ意味

「*Why don't you* +動詞~?」は，「～してはいかがですか？」，「～しましょうよ！」という意味で，相手に何かを提案したり，すすめたりする際に使う表現です。「*Why don't we* +動詞~?」（一緒に～しましょうよ）という形で使うこともあります。また「*Why not go to~*」のように「～してはいかがですか」「～しましょうよ」と言うことも可能です。

疑問文の形で提案や勧誘を表す他の表現としては，「*How (What) about going~?*」（～に行きませんか？）とか「*What do you say to~?*」（～してはいかがですか？）等の表現方法もあります。日本人が英語表現の感覚として理解しなければならないことは，「*Why not?*」（なぜいけないの？）の文脈から，→「もちろん，いいですよ」への文脈の流れをしっかりと理解することです。つまり「*Why not?*」と「*Let's~*」とは，発展的な文脈内において同じ意味として使われているということです。

## さらにこだわりポイント
### 青物市は次世代における有効な観光のあり方の1つ

　ハワイでの生活文化やアロハ・スピリットを肌で感じたいのであれば，現地の人達によって運営されている青物市場がおすすめの「こだわりポイント地」です。オアフ島内では，毎日どこかで朝市が開かれていて，地元の生産者達の手によって直接，新鮮な果物や野菜がリーズナブルな値段にて販売されています。中でも最近，有名になったのは，ＫＣＣ（カピオラニ・コミュニティ・カレッジ）内で開催される「ＫＣＣファーマーズ・マーケット」（基本的に毎週土曜日）で，マノア地方を産地とする「レタス」やマウイ島名物の「タマネギ」「パイナップル」「トロピカル・フルーツ」「蜂蜜」「コーヒー」「オーガニック野菜」などのハワイアン・フードやハワイならではの新鮮な野菜が販売されています。このＫＣＣマーケットは，地元コミュニティを中心とする有効な地域活性化の1つと考えられ，海外からの観光者達がこの地へ足を踏み入れることによって地域のより深い交流や経済的効果が生まれることから，次世代の有効な観光のあり方の1つ（サスティナブル・ツーリズム＝持続可能な観光）と考えられています。

これらの朝市（青物市場）は，観光客と地元の人達との交流を深めることから，次世代のサスティナブル・ツーリズム（持続可能な観光）の1つとして期待されています。

## 出かける2（美術館,博物館に行く）

ダウンタウン方向にあるホノルル美術館は世界中からの2万点以上の収蔵品を誇ります

# How much is the admission?
〈ハウ マッチ イズ ザ アドミッション〉

**入場料はいくらですか？**

» *What's the admission fee for adults?*
〈ワッツ ザ アドミッション フィー フォー アダルツ〉
大人の入場料はいくらですか？

» *What's time do you close?*
〈ワッツ タイム ドゥ ユー クロウズ〉
何時に閉館しますか？

» *May I bring in this bag?*
〈メイ アイ ブリング イン ディス バッグ〉
このバッグを持ち込んでもいいですか？

## その他の基本会話例

- *Where's the entrance?*
  〈 ウエアズ ザ **エ**ントゥランス 〉
  入口はどこですか？

- *Where's the exit?*
  〈 ウエアズ ザ **エ**グズィット 〉
  出口はどこですか？

- *Can I bring this bag with me?*
  〈 キャナイ ブリング ディス バッグ ウィズ ミー 〉
  このカバンを持ち込めますか？

- *All packages must be left in the check areas.*
  〈 オール パッケィジィーズ マスト ビー レフト イン ザ チェック エリアーズ 〉
  全ての荷物は「預け所」へ預けてください。

- *You can't bring that bag with you.*
  〈 ユー キャント ブリング ザット バッグ ウィズ ユー 〉
  その荷物は持ち込むことは出来ません。

- *Do you have a cloak room?*
  〈 ドゥ ユー ハヴ ア クロウク ルーム 〉
  荷物を一時的に預かってくれる所はありますか？

- *Is this the correct way?*
  〈 イズ ズィス ザ コレクト ウエイ 〉
  順路はこちらでいいですか？

- *No, that's the wrong way.*
  〈 ノウ ザッツ ザ ロング ウエイ 〉
  いいえ，間違っています。

- *Where's the Hawaiian art gallery?*
  〈 ウエアズ ザ ハワイアン アート **ガ**ーラリ 〉
  ハワイアン美術の展示はどこですか？

- *Do you have a "Japanese Guided Tour"?*
  〈 ドゥー ユー ハヴ ア ジャパニーズ ガイディド トゥアー 〉
  「日本語による館内ツアー」はありますか？

- *Do you have a audio tour guide in "Iolani Palace"?*
  〈 ドゥー ユー ハヴ ア アウディオ トゥアー ガイド イン イオラニ パレス 〉
  「イオラニ宮殿」内において音声によるガイド・ツアーはありますか？

— 出かける 2（美術館，博物館に行く）

ハワイ王朝の最後を飾る建築物として有名なイオラニ宮殿

**わくわくポイント**

## 館内の入場の際には荷物の保管場所を確認しましょう！

　美術館や博物館等に入場する際に確認しておきたいことは，入場料金と，その時に持参している荷物の確認です。まず入場料に関しては「*How much is the admission fee?*」が定番で，「*What's the admission fee?*」のように「*What*」を使うことも可能です。次に荷物に関しては，各館では高価な展示品の盗難を防ぐことを目的とした「*Coat-check Areas*」（入館者の荷物預け所）を設けているところが多く，入場する前には「*Do you have a clock room?*」（荷物を預かってくれるところはありますか？）と，尋ねることがスマートな会話術です。

　また美術館や博物館によっては，館内において音声によるガイド・ツアーを実施しているところもあり，出きる限りそれらのツアーを利用することが大切な「わくわくポイント」と言えます。これは，英語に挑戦することはもちろん大切ですが，館内においては専門性が高い語彙が多く，場合によっては理解することが困難であると考えられるからです。

出かける 2（美術館，博物館に行く）

### さらにこだわりポイント

## 語学学習の最終目的は，文化の深層的な部分を探ることです！

　オアフ島において是非訪れたい美術館，博物館（こだわりポイント地）は，「ビッショップ博物館」「イオラニ宮殿」「ホノルル美術館」「コンテンポラリー・ミュージーアム」「ハワイ日本文化センター」等です。この中で「ビッショップ博物館」と「イオラニ宮殿」では，日本人向けのオーディオ・ツアー・ガイドが実施されていて特に観光者にはおすすめです。

　出来るだけ多くの会話に触れ，多くのネイティヴ音を聞く姿勢は重要ですが，専門的なあるいはアカデミックな語彙や文化の深層的な意味を探るような場合においては，最初は音声によるガイド・ツアー等を利用したり，そのツアー自体に参加することが賢明です。英会話を身につけることの本来の目的は，アカデミックな言い回しやジャーナリスティックなクール（かっこいい）な言い回しを覚えることではありません。言語とは，本来有効なコミュニケーションを通じてその土地の生活や民族性，あるいは深層的なその文化の背後にある大切なものを発見するところに真正の言語学の意義（意味）があるものと考えます。

ビッショップ博物館はハワイの貴重な資料，遺産が集められ，ハワイ古代の生活様式や歴史などを学習することが可能です。また日本語ガイドツアーも催行されています。

## 出かける3（ハイキング,ネーチャー・ツアーに参加）

タンタラスの丘の北「マキキ・タンタラス」ハイキング・コースで見られる「オヒア・レフア」

# I have never seen 'Ohi'a Lehua.
〈アイ ハヴ ネヴァー スィーン オヒア レフア〉
私はオヒア・レフアの花を見たことがありません。

> *Lehua is the most famous tree in Hawaii's native forests.*
> 〈レフア イズ ザ モースト フェィマス ツリー イン ハワイ ネイティヴ フォーレスツ〉
> レフアはハワイの野生森林の中で最も有名な樹木です。

> *How beautiful the Lehua is!*
> 〈ハウ ビューティフル ザ レフア イズ〉
> なんてレフアの花は美しいのでしょう！

> *What a beautiful tree this is!*
> 〈ワット ア ビューティフル ツリー ズィス イズ〉
> これはなんて美しい樹木なのでしょう！

## その他の基本会話例

> *Koa is the most famous tree in Hawaiian native forests.*
> 〈コア イズ ザ モースト フェイマス ツリー イン ハワイアン ネイティヴ フォレスツ〉
> コアの木はハワイの野生植物の中で最も有名な樹木です。

> *Where can I see Pūpū Kuāhī'wi?*
> 〈ウエア キャナイ シー プープー クアーヒッヴィー〉
> どこでプープークアーヒッヴィー(ハワイにか生息しないカタツムリ)が見られますか?

> *Pūpū means shell and Kuāhī'wi means mountain.*
> 〈プープー ミーンズ シェル アンド クアーヒッヴィー ミーンズ マウンティン〉
> プープーは貝殻, クアーヒッヴィーは山を意味します。

> *What a small life Pūpū Kuāhī'wi is!*
> 〈ワッタ スモール ライフ プープークアーヒッヴィー イズ〉
> ハワイのカタツムリはなんと小さい生き物なんだろう!

> *Have you been to Heiau place?*
> 〈ハヴ ユー ビーン トゥー ヘイアウ プレイス〉
> あなたはヘイアウ(ハワイの古代神殿)に行ったことがありますか?

> *Heiau means large place of worship.*
> 〈ヘイアウ ミーンズ ラージ プレイス オヴ ワーシップ〉
> ヘイアウとは神聖な場所です。

> *Where can we see Hawaiian Petroglyph?*
> 〈ウエア キャン ウィ スィー ハワイアン ペトログリフ〉
> どこで私達はハワイの古代岩石彫刻を見ることが出来ますか?

> *Please tell me the trail course where I can see Lehua.*
> 〈プリーズ テル ミー ザ トレイル コース ウエア アイ キャン スィー レフア〉
> レフアの花が見られるトレッキング・コースを教えてください。

> *It'a a Pu'u Ohi'a trail. It's a Makiki-Tntalus trail.*
> 〈イッツ ア プウウ オヒィア トレイル イッツ ア マキキタンタラス トレイル〉
> それはプウオヒア・トレイルです。それはマキキ・タンタラスのコースです。

—— 出かける 3（ハイキング , ネーチャー・ツアーに参加）

ハワイでも珍しいハワイのカタツムリ（プープー・クアーヒッヴィー）

### わくわくポイント

## 英語では現在完了形や感嘆文はよく使われます

「*I have never seen Lehua.*」（私はレフアを見たことがありません）の時制は，現在完了形（*have*＋過去分詞）で，過去を今の状況（状態）とつなげて，「どういきさつを経て，今どのようになっているのか」を表現する構文です。したがって「今の状態」とかかわりを持っていることを意味し，現時点での「完了」「結果」「経験」「継続」などの文脈において広く使われています。たとえば，すっかり見ないうちに「大きくなったね！」等の表現は「現在完了形」を使った「*You have gotten big!*」が正しい表現です（過去を今の状態につなげて大きくなったという文脈）。

また何か強い印象を受けて何かを強調して表現したい時に使うのが感嘆文です。感嘆文は「*How*」や「*What*」を使用し，文末には普通，感嘆符（!）をつけ，形容詞や副詞を強調する時は「*How*」で始め，「形容詞＋名詞」の意味を強調する時には「*What*」で始めます。→「*What a beautiful tree this is!*」（これはなんて美しい樹木なのだろう！）

出かける3（ハイキング，ネーチャー・ツアーに参加）

### さらにこだわりポイント
### ハワイの固有種「オヒア・レフア」はなんとオアフ島で見られます

　ある分類方法によるとハワイの植物は4種類（「原生種」「ハワイ固有種」「外来種」「ポリネシアン種」）に分けられますが，その中で特に興味深いのは，「原生種」です。その原生種とは，3つの「W」（Wind, Wave, Wing）によってハワイ諸島に自然に辿り着いたたものとされ，ハワイの固有種の前身であるとされています。前出の「*Ohi'a Lehua*」（オヒア・レフア）は，「ハワイ固有種」の範疇であると考えられますが，あるガイドブックによると「*Lehua is the most common tree in Hawaii's native forests.*」などと紹介されています。

　このオヒア・レフアは，オアフ島においては，環境汚染等の問題から，もはや見ることが出来ないと思われがちですが，実は「タンタラスの丘」のさらに奥（北）の山岳部（マキキ・タンタラス・トレイル等）において見ることが可能です。ただしそのトレイルに行くには入場制限（1日40人まで等）があるために，ネーチャー・ツアー（エコ・ツアー）を実施するツアー（専門的なガイドによるツアー＝「*Tour with interpreter*」）に参加することをおすすめします。またハワイの代表的なトレッキング・コースをあげるならば，「マノア・フォール・トレイル」，「カワイロア・トレイル」，「クリオウオウ・リッジ・トレイル」（巻末地図参照）等があります。

ハワイのヘイアウ（古代神殿）の1つ「ケアイワ・ヘイアウ」（健康ヘイアウ）

出かける4(ハワイ大学)

ハワイ大学はハワイ州を代表する州立の総合大学だ

# Please take a picture with University of Hawaii in the background.
〈 プリーズ テイク ア ピクチャー ウィズ ユニヴァーシティ オヴ ハワイ イン ザ バックグラウンド 〉

ハワイ大学を背景に写真を撮ってください。

> *May I take your picture?*
> 〈 メイアイ テイク ユア ピクチャー 〉
> あなたの写真を撮ってもいいですか？

> *Sure, No problem.*
> 〈 シュア ノウ プロブレム 〉
> いいですよ，構いません。

> *What's your major field of study?*
> 〈 ワッツ ユア メイジャー フィールド オヴ スタディ 〉
> あなたの専門分野は何ですか？

## その他の基本会話例

> *Just press this button here, please.*
> 〈ジャスト プレス ズィス バトン ヒア プリーズ〉
> このシャッターをただ押してください。

> *Could you take my photo?*
> 〈クッジュウ テイク マイ フォウトゥ〉
> 写真を撮っていただけませんか？

> *I am planning to have my son enter this University of Hawaii.*
> 〈アイ アム プラニング ツゥー ハヴ マイ ソン エンター ズィス ユニヴァーシティ オヴ ハワイ〉
> 私は息子をこのハワイ大学に入学させることを計画しています。

> *Where is the Admission Office?*
> 〈ウエア イズ ジ アドミッション オフィス〉
> 入学関係のオフィスはどこにありますか？

> *Where is the Foreign Student Office?*
> 〈ウエア イズ ザ フォーリン スチューデント オフィス〉
> 外国人学生の相談所はどこにありますか？

> *What are the school hours?*
> 〈ワット アー ザ スクール アワーズ〉
> 授業は何時から何時までですか？

> *They start at nine and end at two (PM).*
> 〈ゼイ スタート アット ナイン アンド エンド アット ツゥー (ピーエム)〉
> それらは9時から午後2時までです。

> *I can't understand what you are saying.*
> 〈アイ キャント アンダースタンド ワット ユー アー セイイング〉
> あなたのおっしゃることがよく理解できません。

> *Pardon? What do you mean?*
> 〈パードゥン ワット ドゥー ユー ミーン〉
> え？ どうゆう意味ですか？

— 出かける4（ハワイ大学）

ハワイ大学のアウトリーチ・カレッジ（出先機関）の中庭。当教育機関で英語集中コース（NICEプログラム）が開講されている

## わくわくポイント

### 意味が解らない場合の定番は「*Pardon?*」「*Sorry?*」「*Excuse me?*」

　写真を撮る際の定番は「*Please take a picture.*」もしくは「*Please take a photo.*」です。特に「*Photo*」の発音は「フォウトゥ」に近い音にしないと相手に通じません。またハワイ大学の校舎等を背景に入れて写してほしい時は、「*with University of Hawaii in the background*」とか「*with ~ behind University of Hawaii*」のように「*~ in the background*」もしくは「*~ behind*」を使うと便利です。

　また人とのコミュニケーションにおいて、どうしても聞き取れない場合には、「*Pardon?*」（パードゥン）,「*Sorry?*」（ソゥリー）,「*Excuse me?*」（イクスキューズ・ミー）,「*What do you mean?*」（ワット・ドゥー・ユー・ミーン）,「*Could you speak more slowly?*」（クッジュー・スピーク・モアー・スロウリー）等の表現を慌てず落着いて聞き直すことが最低限の「わくわくポイント」です。

## さらにこだわりポイント

### ハワイ大学の教育システム（UHシステム）に挑戦しよう！

　ハワイにはサテライト校的なものを除いて，現在3つの「私立大学」（シャミナード大学，ハワイ・パシフィック大学，ブリガムヤング大学）と1つの州立大学（ハワイ大学）があります。また学校形態から言えば，ハワイには4つの「ユニバーシティ」（上記校）と，その他「カレッジ」と呼ばれるコミュニティ・カレッジやビジネス・カレッジがあります。

　一般的にハワイへの留学を考えると，「何だか遊びが中心になってしまって勉強するところではない」等と思われがちですが，実際のところでは非常に熱心に勉強する学問地でもあると言えます。つまりここハワイは，世界的なリゾート地と言っても米国内であり，その米国の教育システム（競争システム）が深く浸透しているのは紛れもない事実だからです。例えばハワイの教育水準が世界的にみて進んでいる分野をあげるならば，「火山学」「津波研究」「天文学」「熱帯海洋学」「ツーリズム産業」「ポリネシアン文化」「民族学」「ハワイ語」「アジア太平洋学」などがあります。特にハワイ大学では，さまざまな分野における「*Doctor of Philosophy*」（博士号）の取得が可能で，世界中から優秀な留学生がハワイに集まっています。よってここハワイにおいて，さらにこだわりを求める方々にとっては，ハワイ大学の教育システム（UHシステム）を利用することも1つの有効な方法であると考えます。

ウインドワード・コミュニティ・カレッジは農業関係のプログラムを主とする州立短大だ

出かける5（マラサダ、シェイブ・アイスの食文化）

地元で大人気の「マラサダ」を販売する「レナーズ・ベーカリー」の店内

# I'll take 5 of these.
〈アイル テイク ファイヴ オヴ ディーズ〉

これを5個ください。

> *I'll take the "Malasadas".*
〈アイル テイク ザ マラサダ〉
マラサダ（ドーナッツ）をください。

> *I'll have a shaved ice with syrup on the top.*
〈アイル ハヴ ア シェイブド アイス ウィズ シラップ オン ザ トップ〉
糖みつをかけたアイス氷をください。

> *How can I get to Leonard's Bakery?*
〈ハウ キャナイ ゲット ツゥー レナーズ ベイカリー〉
レナーズ・ベーカリー（マラサダ・ドーナッツ店）はどうやっていくのですか？

## その他の基本会話例

» *Can you gift-wrap this?*
〈キャンニュー ギフトラップ ズィス〉
ギフト用に包装していただけますか？

» *Wrap them separately, please.*
〈ラップ ゼム セパレイトリー プリーズ〉
どうか別々に包んでください。

» *Can I have separate bags for each item?*
〈キャンナイ ハヴ セパレイト バックス フォー イーチ アイテム〉
品物の数だけ袋をいただけますか？

» *How much is it for 10?*
〈ハウ マッチ イズイットゥ フォー テン〉
10個買ったらいくらになりますか？

» *Can I have a discount?*
〈キャンナイ ハヴ ア ディスカウント〉
値引き出来ますか？

» *Can you accept Japanese Yen?*
〈キャンニュー アクセプト ジャパニーズ エン〉
日本円は使えますか？

» *Can I use this coupon here?*
〈キャンナイ ユーズ ズィス クーポン ヒア〉
ここでこの割引クーポンは使えますか？

» *May I use the rest room?*
〈メイ アイ ユーズ ザ レスト ルーム〉
トイレをお借りしてもいいですか？

» *Is this seat taken?*
〈イズ ズィス シィート テイクン〉
この席には誰か座っていますか？

» *Thank you very much. I really enjoyed the meal.*
〈サンキュー ヴェリー マッチ, アイ リアリー インジョイド ザ ミール〉
ありがとう。とてもおいしかったです。

» *Please tell me where the bus stop at Leonard's Bakery is.*
〈プリーズ テル ミー ウエア ザ バス ストップ アット レナーズ ベイカリー イズ〉
レナーズ・ベイカリー（マラサダドーナッツ店）のバス停はどこか教えてください。

— 出かける5（マラサダ、シェイブ・アイスの食文化）

これがうわさの「マラサダ」ドーナッツだ！「フッカフカのやわらかあげパン」の形容がぴったりです

### わくわくポイント

### 何かをいただく時は「*I'll take~*」を、トイレを借りる時は「*use*」を！

「*I'll take~*」は買い物等において「~をいただきます」という意味で、何かを購入する際の決まり文句です。2個以上ほしい場合には、「*this*」を「個数＋*of these*」の形にします。またお土産用に誰かにプレゼントしたい場合には、「*Could you gift-wrap this?*」、別々に包んでもらいたい時は「*Could you wrap them separately?*」、またリボンをかけてもらいたい時は、「*Could you tie it with a ribbon?*」などと表現することが出来ます。

店内等においてトイレを借りたい時に、その「借りる」という動詞は「*borrow*」（バロウ）ではなく、「*use*」（ユーズ）を使うことに注意しましょう。→「*May I use the rest room?*」（トイレをお借りできますか？）。つまり「*barrow*」という動詞（語義）は「何かを借りてどこかへ持っていく」という意味があり、そのトイレを借りてどこかへ持っていくわけにはいかないからです。その「借りる」という文脈においてどの動詞を使ったらいいのかは、特に日本人観光客にとっては難しいようです。

### さらにこだわりポイント

#### マラサダ（ドーナッツ）はローカルの人達にとっての「手土産 *No.1*」

　世界中からさまざまな移民達が集まって形成されたハワイは，近代文明とハワイアン文化（民族）およびその他の異民族文化が「サラダ・ボール」状態にて混在している社会です。その「サラダ・ボール」とは，政治的文脈で言えば，異なった要素が融合することなく別々に存続していくことを意味するもので，いかに個性的に調和共存を達成するかについての明確な見解を示したものです。それは別言「多文化主義」（マルチ・カルチュアリズム）に根ざした考えによる社会実現であると言うことも可能です。

　その多文化主義に関連して，移民達がもたらした文化（食文化）の例を1つ紹介するならば，会話例に何回も登場したポルトガル移民達が持ち込んでハワイに根づいた「マラサダ」があります。その正体は，「フッカフカのやわらかあげパン」に砂糖やシナモンをまぶしたドーナッツのようなお菓子です。いつ買っても揚げたての「アツアツ」で，今ではローカルの人達にとっての「手みやげNo1」と言っても過言ではありません。特にこだわりたい観光者にとっては，最高の異文化体験と言えます。

「マツモト・シェイブ・アイス」も是非味わいたいハワイの食文化だ

## スポーツをする（ゴルフ）

アラワイ・ゴルフコース（庶民ゴルフ場）でチェックインするゴルファー

# Where can I make a reservation for playing golf?
〈ウエア キャナイ メイク ア レザヴェイション フォー プレイング ゴルフ〉
どこでゴルフの予約が出来ますか？

» *How much is the green fee?*
〈ハウ マッチ イズ ザ グリーン フィー〉
ゴルフ代金はいくらですか？

» *Can I have "club rental" available?*
〈キャナイ ハヴ クラブ レンタル アヴェイラブル〉
「貸しクラブ」を利用できますか？

» *Where can I have a "Riding Curt Rental"?*
〈ウエア キャナイ ハヴ ア ライディング カート レンタル〉
どこで「乗用カード」を得ることが出来ますか？

## その他の基本会話例

> *I'd like to check in. I have a reservation.*
> 〈アイド ライク トゥー チェック イン，アイ ハヴ ア レザヴェイション〉
> ゴルフの登録手続きをお願いします。私は予約をしています。

> *How many persons do you play golf?*
> 〈ハウ メニイ パーソンズ ドゥ ユー プレイ ゴルフ〉
> 何名でゴルフをしますか？

> *2 sums, please.*
> 〈ツゥー サムズ プリーズ〉
> 2名でお願いします。
> (Sum は合計, 総計, 総和を意味し, 正式には「the sum of the playing golfer」)

> *Can I play "twilight golf"?*
> 〈キャナイ プレイ トゥワイライトゴルフ〉
> トワイライトゴルフ（日の出後・日没前ゴルフ）は出来ますか？

> *When does "twilight golf" start?*
> 〈ウエン ダズ トゥワイライトゴルフ スタート〉
> 「トワイライトゴルフ」はいつスタートするのですか？

> *Can we play by ourselves?*
> 〈キャンウイ プレイ バイ アワセルブズ〉
> 私達二人でプレイすることが出来ますか？

> *Good shot! Beautiful shot!*
> 〈グッ ショット，ビューティフル ショット〉
> ナイスショットです！ 素晴しいショットです！

> *Thank you very much! But it was a bit too sliced.*
> 〈サンキュー ベリー マッチ バット イットゥ ワズ ア ビット トゥー スライスト〉
> ありがとう！でもちょっとスライスしたな。

> *How many yards from here to the pin?*
> 〈ハウ メニイ ヤーズ フロム ヒア ツゥー ザ ピン〉
> ここからピンまで何ヤードありますか？

スポーツをする（ゴルフ）

ワイアラエ・カントリー・クラブは世界的なトーナメントが開催される名門コースだ

### わくわくポイント

## ゴルフは最低限の会話術（会話マナー）が必要

　ハワイにはたくさんのゴルフ場があります。地元の人達との交流を深めるには，ゴルフは有効なコミュニケーション方法の1つです。そのためには，最低限の英語マナー（表現）を覚えておかなければなりません。一緒にプレイした相手が「いいショット」をした場合には「*Nice shot!*」（ナイス・ショット），「*Good shot!*」（グッド・ショット），「*Beautiful shot!*」（ビューティフル・ショット），「*Great shot!*」（グレイト・ショット）等の表現や，「*What a shot!*」（ワッラ・ショット），「*Nice and good straight!*」（ナイス・アンド・グッド・ストレイト）等はすぐ言えるようにしておきましょう。

　またグリーン上では，「*Nice par!*」（ナイスパー）や「*Nice birdie!*」（ナイスバーディ），「*Nice eagle!*」（ナイス・イーグル）等の言い回しや，先にホールアウトする際には，「*Let me putt out.*」（レッミィ・パット・アウト）などの言い回しを覚えておくことがスマートな会話術です。

　軽く汗を流したい人達にとっては，日中を避けた早朝や夕暮れ時にプレイが可能な「*Twilight golf*」（9ホール）をするのが「わくわくポイント」です。

スポーツをする（ゴルフ）

### さらにこだわりポイント
## アラワイ・ゴルフコースは世界で一番混雑するゴルフ場

　オアフ島には、「ワイアラエ・カントリークラブ」「カポレイ・ゴルフコース」「タートルベイ・パーマー」など有名なゴルフコースが約20か所あり、正にゴルフ天国の島と言っても過言ではありません。その中で特にローカルの人達に愛されているゴルフコースは、「*Ala Wai Golf Course*」（アラワイ・ゴルフコース）です。このコースは、ワイキキ・ビーチ近くのアラワイ運河沿いに広がる18ホールのゴルフコースで、リーズナブルな料金でプレイ出来ることから、「世界で最も混雑するゴルフ場」であると言われています。

　このコースは普通、1組6名で回ることから、さまざまな国からの人達との出会いの機会を提供し、特に異文化コミュニケーションを楽しみたい観光者にとっては、最高のコミュニケーションの場であると言えます。そのプレイするための予約は、市営（*Municipal*＝ミューニシパル）によるコースの為、プレイの3日前までに指定番号に電話して予約をすることに注意が必要ですが、特にこだわりを持ったゴルファーにとっては、最高のゴルフコースであると言えます。

世界で最も混雑するコースとして有名なアラワイ・ゴルフ・コース

シュノーケリングをする（ハナウマ湾）

ハナウマ湾内の海中には，約400種類を超える海洋生物と珊瑚が生息しています

# I wish I were a bird!
〈アイ ウイッシュ アイ ワー ア バード〉

私がもし鳥だったならば！

> *If I had enough money, I would travel around the world.*
> 〈イフ アイ ハド イナフ マニィ，アイ ウッド トラヴェル アラウンド ザ ワールド〉
> もし私にお金があれば，世界中を旅行するのになあ。

> *How much will it be for a half day?*
> 〈ハウ マッチ ウィル イットゥ ビー フォー ア ハーフ ディ〉
> それは半日でいくらですか？

> *It was really fantastic!*
> 〈イットゥ ワズ リアリィ ファン**タ**スティック〉
> それは，ほんとうに素晴らしかった！

シュノーケリングをする（ハナウマ湾）

## その他の基本会話例

> *If I were a bird, I would go to the island of Niihau.*
> 〈イフ アイ ワー ア バード, アイ ウッド ゴゥ ツゥー ジ アイランド オヴ ニイハウ〉
> もし私が鳥ならば，ニイハウ島に行くことができるのに！

> *If I were young again, I would go abroad.*
> 〈イフ アイ ワー ヤング アゲイン アイ ウッド ゴゥ アブロード〉
> もし私が若返れたら，外国に行くのに。

> *Where can I rent a snorkeling?*
> 〈ウエア キャナイ レンタ スノーケリング〉
> どこでスノーケリングを借りられますか？

> *I would like to rent a short board for a half day.*
> 〈アイ ウッド ライク トゥー レンタ ショート ボード フォー ア ハーフ ディ〉
> 私はショート・ボードを借りたいのですが。

> *Where can I windsurf?*
> 〈ウエア キャナイ ウインドサーフ〉
> どこでウインドサーフィンが出来ますか？

> *Where can I try a parasailing?*
> 〈ウエア キャナイ トライ ア パラセイリング〉
> どこでパラセイリングに挑戦できますか？

> *I would like to rent a parasol.*
> 〈アイ ウッド ライク トゥー レンタ パラソール〉
> パラソル（日傘）を借りたいのですが。

> *What's the matter with you?*
> 〈ワッツ ザ マタァ ウィズ ユー〉
> どうしましたか？

> *What's wrong with you?*
> 〈ワッツ ロング ウィズ ユー〉
> どうしましたか？

> *I was really excited.*
> 〈アイ ワズ リアリィ イクスサイティッド〉
> 私は，ほんとうにわくわくしました。

―― シュノーケリングをする（ハナウマ湾）

ハナウマ湾内へ足を踏み入れるには，環境問題から念入りな最終チェックが行われます

## わくわくポイント
### 現実にありそうもないことは「仮定法」で表現しよう！

　「If I were a bird, I would go there!」のように「もし～なら…だろうに」を表現する場合は，「仮定法過去」を使います。この表現法は「現実には起こる可能性がない」文脈において，あるいは「現実の事実とは違うと思っている事柄」を表す時に使用します。例文での「もし鳥であれば～」において鳥になることは現実では不可能であるため，もし「なれた場合の」本人の願望を表すものです。仮定法過去（現実とは違う）の動詞の形の決め方は，「If」節の中では「過去形」を，主節においては「助動詞の過去形」を使うというキマリがあります。「If I am a bird, I will go there.」→「If I were a bird, I would go there.」等です。

　また文中内で「was」ではなく，「were」が使われているのは，その規則として主語に関係なく「were」の使用が認められるものですが，実際の口語においては「were」ではなく「was」も広く使われていることにも注意が必要です。例えば「I wish she were here!」（彼女がここにいてくれたならなあ！）は口語では基本的に「I wish she was here!」と表現されています。

シュノーケリングをする（ハナウマ湾）

### さらにこだわりポイント
### シュノーケルに最適な場所は「ハナウマ湾」

　オアフ島には「ワイキキ・ビーチ」「アラモアナ・ビーチ」「カイルア・ビーチ」「ラニカイ・ビーチ」「サンセット・ビーチ」「サンディ・ビーチ」「マカプウ・ビーチ」「ワイメア・ビーチ」「ハナウマ湾」等の美しいビーチがありますが，その中でも特に訪れたいビーチは「*Hanauma Bay*」（ハナウマ湾）です。「*Hanauma*」（ハナウマ）とは，ハワイ語で「ハーナウマー」と発音され「湾曲した湾」を意味します。現在，その湾内ではたくさんの種類の魚や海洋生物，珊瑚が生息し，リーフの内・外側ともに「シュノーケル」には格好のスポット場所となっています。しかしながらこの場所に足を踏み入れるには，次の3点のことをしっかりと理解しておく必要があります。

　まず第1に，この地はハワイに残された「*Common Poor Resource*」（次世代に残す共通資源）として様々な保全・保護のための管理施策が実施されていることです。第2に，海中には，400種類を超える海洋生物と珊瑚が生息するのでシュノーケリング等においては「サスティナビリティ」（持続可能な利用）を意識し，しっかりとルールやマナーを遵守することです。そして第3に，自然保護のため湾内への入場制限（1日に3,000名まで）やツアーでの入場規制があるので，ザ・バスやレンタカー等を利用して出来るだけ朝早く（朝は午前6時〜）訪れることが望ましいことです。

海水の透明度の高さは定評だ ／ 海水浴やシュノーケリングを楽しむ人達

## 島への移動（国内線）

他の島へは国内線を利用しよう / ハワイアン航空のチェックイン・カウンター

## For which airline?
〈 フォー　ウイッチ　エアライン 〉

どちらの航空会社ですか？

» *Where's the check in counter of the Hawaiian Airlines?*
〈 ウエアズ　ザ　チェックイン　カウンター　オヴ　ザ　ハワイアン　エアラインズ 〉
ハワイアン航空のチェクイン・カウンターはどこですか？

» *Where's the transfer desk?*
〈 ウエアズ　ザ　トランスファー　ディスク 〉
乗り継ぎカウンターはどこですか？

» *What time does bording begin for Kona?*
〈 ワット　タイム　ダズ　ボーディング　ビギン　フォー　コナ 〉
コナへの搭乗は何時に始まりますか？

## その他の基本会話例

> *Is this the right check in counter for Kauai?*
> 〈 イズ ズィス ザ ライト チェックイン カウンター フォー カウアイ 〉
> ここはカウアイ島へのチェックイン・カウンターですか？

> *Which airport is for Kauai?*
> 〈 ウイッチ エアポート イズ フォー カウアイ 〉
> カウアイ島へは, どちらの空港(名)ですか？

> *It's the Lihue airport.*
> 〈 イッツ ザ リフエ エアポート 〉
> それはリフエ空港です。

> *Hawaii island has two(Hilo,Kona) airports.*
> 〈 ハワイ アイランド ハズ ツゥー(ヒロ,コナ) エアポーツ 〉
> ハワイ島には2つの空港(ヒロ, コナ)があります。

> *Maui island has three (Hana, Kahului, Kapalua) airports.*
> 〈 マウイ アイランド ハズ スリー (ハナ, カフルイ, カパルア) エアポーツ 〉
> マウイ島には3つの空港(ハナ, カフルイ, カパルア)があります。

> *How many baggages would you like to check in?*
> 〈 ハウ メニィ バッゲージズ ウッジュウ ライク トゥー チェックイン 〉
> お預けになる荷物はいくつですか？

> *Can I bring this bag on the plane?*
> 〈 キャナイ ブリング ズィス バッグ オン ザ プレイン 〉
> このバッグは機内に持ち込めますか？

> *Here you are.*
> 〈 ヒア ユー アー 〉
> はいこれです。

> *Your passport and ticket, please.*
> 〈 ユア パスポート アンド ティケット プリーズ 〉
> あなたの旅券とチケットを見せてください。

> *What's the boarding time for Lanai?*
> 〈 ワッツ ザ ボーディング タイム フォー ラナイ 〉
> ラナイ島への搭乗時間は何時ですか？

> *Where's gate 8?*
> 〈 ウエアズ ゲイト エイト 〉
> 8番ゲートはどこにありますか？

― 島への移動（国内線）

ラナイ島（パイナップル・アイランド）へは小型のプロペラ機で移動することもある

## わくわくポイント

### 他の島へ行く場合は島内の空港名を確認しよう！

　ハワイ諸島において，全ての国際線はオアフ島のホノルル空港に到着しますが，他の島へ移動する場合は，ホノルル空港から「Domestic」（国内線）で移動することになります。その際の留意点が，ご自身の移動する島への空港名をしっかりと確認することです。

　たとえばハワイ島には「*Hilo*」（ヒロ），「*Kona*」（コナ）という空港が，マウイ島には「*Kahului*」（カフルイ），「*Kapalua*」（カパルア），「*Hana*」（ハナ）という3つの空港が，モロカイ島には「*Kalaupapa*」（カラウパパ），「*Hoolehua*」（ホオレフア）という2つの空港が，そしてカウアイ島には，「*Lihue*」（リフエ）という空港があります。それらの空港名をしっかりと把握するとともに，必ずご自身の航空券に記載されている空港名も念入りにチェックすることが重要なポイントです。

　飛行機のチェック・イン時において，そのチェック・イン場所の確認「*Where's the check in counter ~ ?*」や，搭乗開始時刻の確認「*What's the boarding time for ~ ?*」等の質問がすぐに言えるようにマスターしておくことも重要なポイントです。

## さらにこだわりポイント
### 他の島では雨や風に関する言葉が多い

　さらにこだわった深層的な文化やハワイの原生種，固有種に触れたい場合は，他の島々に足を踏み入れましょう。ハワイは太平洋のほぼ中央，約6,471平方マイルに及ぶ領域に，主要8島と124の小島で構成され，その中で特に有名なのは，「*Garden Island*」（カウアイ島），「*Aloha Island*」（オアフ島），「*Valley Island*」（マウイ島），「*Friendly Island*」（モロカイ島），「*Pineapple Island*」（ラナイ島），「*Big Island*」（ハワイ島）の6島で，各カッコ内にあるようにニックネームで呼ばれています。

　ハワイ語による正式スペルと発音は，カウアイ島は「*Kaua'i*」（カウアッイ），オアフ島は「*O'ahu*」（オッアフ），マウイ島は「*Maui*」（マウイ），モロカイ島は「*Moloka'i*」（モロカッイ），ラナイ島は「*Lāna'i*」（ラーナッイ），ハワイ島は「*Hawai'i*」（ハヴァイッイ）とそれぞれ発音されます。また各島によって「風」，「雨」に関する名前がつけられ，雨だけでもオアフ島で約15通りの，マウイ島で12通り，ハワイ島で9通りの名前が存在すると言われています。先述したウォーフ・サピアの「言語は民族の文化や話者の世界観を決定する」という仮説を実に端的に裏付けるものです。

他の島で人気が高いマウイ島（バレー・アイランド）にあるハレアカラ火山

トラブル

何かトラブルが起きた場合は直ちに近くのホテルへ／ザ・カハラ・ホテル

# I lost my passport.
〈アイ ロスト マイ パスポート〉
パスポートを無くしました。

> *I left my black wallet there.*
〈アイ レフト マイ ブラック ウォーレット ゼア〉
黒い財布をそこに忘れました。

> *I lost my air ticket.*
〈アイ ロスト マイ エア ティケット〉
私は航空券を無くしました。

> *I'm lost. Where am I on this map?*
〈アイム ロスト．ウエア アムアイ オン ディス マップ〉
道に迷いました。この地図のどこに私はいますか？

## その他の基本会話例

> *Where's the Japanses Embassy?*
> 〈ウエアズ ザ ジャパニーズ エンバスィ〉
> 日本大使館はどこですか？

> *I'd like to contact the Japanses Embassy.*
> 〈アイド ライク トゥー コンタクト ザ ジャパニーズ エンバスィ〉
> 日本大使館に連絡したいのですが。

> *My bag was stolen. Please call the police right now.*
> 〈マイ バッグ ワズ ストゥルン．プリーズ コール ザ ポリース ライト ナウ〉
> カバンが盗まれました。今すぐ警察に電話してください。

> *Ambulance, please!*
> 〈**ア**ンビュランス プリーズ〉
> 救急車を呼んでください。

> *Please call a doctor.*
> 〈プリーズ コール ア ドクタァ〉
> 医者を呼んでください。

> *Please take me to a hospital.*
> 〈プリーズ テイク ミー トゥー ア **ホ**スピトゥル〉
> 病院に連れて行ってください。

> *I feel sick.*
> 〈アイ フィール スィック〉
> 気分が悪いのですが。

> *I feel dizzy.*
> 〈アイ フィール ディズィ〉
> めまいがします。

> *I feel nauseous.*
> 〈アイ フィール ノーシャス〉
> 吐き気がします。

> *I have a headache (stomachache).*
> 〈アイ ハヴ ア ヘッドエイク (スタマケイク)〉
> 私は頭（お腹）が痛いのですが。

> *Is there a doctor who can speak Japanses?*
> 〈イズ ゼア ア ドクタァ フー キャン スピーク ジャパニーズ〉
> 日本語の解かる医者はいますか？

── トラブル

夜のカラカウア通りで待機するパトカー（写真：ハワイ政府観光局）

### わくわくポイント

**病気の場合は日本語が話せる医師に診てもらうことが重要**

　海外の地に足を踏み入れるということは，たとえ観光旅行であれ，あるいは留学や業務渡航であれ，何か思わぬハプニングやトラブルに巻き込まれる確率が高くなることを意味します。ハワイのような国際的なリゾート地といえども例外ではありません。出発前には出来るだけ最低限の会話術を身につけておくことが重要です。

　ご自身における何かの事故や急病の際には，「*Ambulance, please!*」（アンビュランス，プリーズ）が定番で，電話番号は「911」です（日本の「110」や「119」番に相当）。また具合が悪くなった時の最低限の症状，「*I feel sick.*」（気分が悪い），「*I feel nauseous.*」（吐き気），「*I feel dizzy.*」（めまい），「*I have a headache.*」（頭痛）等は，出発前には必ずマスターしておかなければならない表現法です。

　ハワイには日本人の医者も多いので，緊急時や急病の場合には「*Is there a doctor who can speak Japanese?*」と尋ねて出来るだけ日本人医師に診断してもらうことが賢明です。

### さらにこだわりポイント
### ホテルは異文化コミュニケーションの「場」

　ワイキキビーチ近くのカラカウア通り等でカバンを引ったくられる日本人観光客が増えています。このようなトラブルに巻き込まれた場合は、ただちに警察に届け出ることが必要ですが、現実的には、当人が動転して何をその場において行動したらいいのか判断出来なくなってしまうのがほとんどです。このような緊急時は近くのホテルを探し、その救済を依頼することが賢明です。ワイキキの多くのホテルでは日本語が話せるスタッフが常駐し、緊急時における警察への届けや、日本大使館等への報告に関して「冷静沈着」な対応をしてくれるからです。

　一般的にホテルとは、宿泊者の為の「寝る場所」の提供と思われがちですが、このようなトラブルに対する対処を含めた「安全性の提供」という機能もあるのです。さらに他の機能としては、「食事文化」、「イベント開催」等の提供としての機能や、さまざまな国の人達に出会える「異文化コミュニケーション」の場（空間）の提供としての機能もみられます。ホテルとは私達が考える以上に神聖な空間なのです。

ザ・カハラ・ホテル内でのイルカとの体験プログラム。ホテルは正に異文化コミュニケーションの場だ！

# さようなら！

めったに見ることが出来ないハワイの「ムーン・セット」の瞬間（月が沈む瞬間）

## Goodbye! Take care!
〈グッバーイ　テイク ケア〉
さようなら！

» *Good bye! /Bye! / So long!*
〈グッバーイ / バーイ / ソゥ ロング〉
さようなら！

» *Good luck!*
〈グッ ラック〉
幸運を！

» *Take it easy.*
〈テイク イットゥ イーズィ〉
無理しないでね。

## その他の基本会話例

> *I must leave now.*
> 〈アイ マスト リーヴ ナウ〉
> もうそろそろ失礼します。

> *I've got to go. / leave.*
> 〈アイヴ ガッタ ゴゥ, リーヴ〉
> いかなくちゃ。

> *See you again. See you next year.*
> 〈スィー ユー アゲイン, スィー ユー ネクスト イア〉
> またお会いしましょう。また来年お会いしましょう。

> *Let's keep in touch.*
> 〈レッツ キープ イン タッチ〉
> 連絡を取り合いましょう。

> *Good luck on your business.*
> 〈グッ ラック オン ユア ビジネス〉
> お仕事頑張ってください。

> *Have a good time!*
> 〈ハヴ ア グット タイム〉
> ごきげんよう！

> *I'll be back.*
> 〈アイル ビー バック〉
> また来るよ。

> *I'm looking forward to seeing you again.*
> 〈アイム ルッキング フォワード トゥー スィーング ユー アゲイン〉
> また会えることを楽しみにしています。

> *Would you please tell me your e-mail address?*
> 〈ウッジュウ プリーズ テル ミー ユア イーメイル アドレス〉
> あなたのイーメイル・アドレスを教えていただけませんか？

> *Saying "Good bye" in Hawaii always breaks my heart.*
> 〈セイング グッバーイ イン ハワイ オールウエズ ブレイクス マイ ハート〉
> ハワイで「さよなら」を言うのは、いつも胸が痛みます。

> *I need to take off.*
> 〈アイ ニード トゥー テイク オフ〉
> 行かなくては。

— さようなら！

早朝、日本への飛行機に乗る為の手続き(チェック・イン)に並ぶ観光客。これでハワイともお別れだ！

## わくわくポイント

### さよならは「*Good bye!*」「*Good luck!*」「*See you!*」「*Take care!*」

　ハワイでの別れ際の挨拶では、いつも胸が痛むのは、ほとんどの方々にとっての共通の認識です。こんな時には「*Saying good bye in Hawaii always breaks my heart!*」と表現できれば上級レベルです。しかしそのような長い表現でなくても、「*Good bye!*」「*Good luck!*」「*See you!*」「*Take care!*」などのように簡単に表現することも出来ます。ただし元気に明るく、少々大げさに気持ちを込めて相手に伝えることが重要なわくわくポイントです。

　そしてその言葉の後に出来れば「*I hope to see you soon!*」（また会いたいですね！）とか、「*Let's keep in touch!*」（連絡を取り合いましょう！）、「*Have a good time!*」（ごきげんよう！）などと続ければ、もう最高のコミュニケーション術と言えます。

### さらにこだわりポイント

## 英語は「上(かみ)の視点」(上から下へ)から見た能動的な言葉

　英語という言語自体を概観した場合,次のようなことが言えます。まず第1に,英語の「音」は約45の違った「音」が存在すると言われ,約20しかない日本人(日本語)にとっては約2倍以上の音の聞き分けが必要になります。第2に,英語は概して上からもの(人)を見下ろす視点(積極的,能動的)から構築される言語で,日本語の虫の視点(下から上を拝む姿勢,共同的)から構築される言語とは構造上明らかに異質であるということです。そして第3に,英語の文は語順に厳しく,時間の概念が複雑(たとえば現在完了形等の時制のルールが複雑)で,数えられる名詞,数えられない名詞の区別があり,さらに冠詞や不定冠詞(*a / an, the*)の働きや,そのルールが複雑であるということが指摘できます。

　このような英語構造の特徴から考えると,母語が日本語である日本人がネイティヴな英語を身につけることは至難の業であるかもしれません。しかし英語学にとって重要なことは,その言語がどのような構造を持っており,どのような特徴があるのか等を明らかにすることです。

ホノルル空港,離陸後に窓から見えるワイキキ周辺地域。これでハワイに「さようなら」

## さようなら！（ハワイ語で）

ウクレレを楽しむ人達。いつまでもハワイ文化を大切に！ ア・フィ・ホウ！

# A hui hou!
〈ア フィ ホウ〉

さようなら！

> *Mālama pono.*
> 〈マーラマ ポノ〉
> お元気で, お気をつけて。

> *Aloha Kākou.*
> 〈アロハ カーコウ〉
> ごきげんよう, みなさん！

> *E kipa hou mai!*
> 〈エ キパ ホウ マイ〉
> また来てね！

さようなら！（ハワイ語で）

## その他の基本会話例

> *Mahalo.*
> 〈マハロ〉
> ありがとう。

> *Āwīwī!*
> 〈アーヴィーヴィー〉
> 急いで！

> *Me ke aloha.*
> 〈メ ケ アロハ〉
> 愛をこめて。

> *Hele au ika mokulele.*
> 〈ヘレ アウ イカ モクレレ〉
> 私は飛行機で行きます。

> *Hele au mai Hawai'i a lapana.*
> 〈ヘレ アウ マイ ハワイッイ ア ラパナ〉
> 私はハワイから日本まで行きます。

> *Ho'ouna au i ka leka i Hawai'i.*
> 〈ホッオウナ アウ イ カ レカ イ ハワイッイ〉
> 私は手紙をハワイへ送ります。

> *Ho'i ia'u.*
> 〈ホッイ イアッウ〉
> 私の所へ戻ります。

> *A hui hou. E mālama pono!*
> 〈ア フィ ホウ エ マーラマ ポノ〉
> さようなら。お元気で！

> *Mahalo. 'O'oe pū!*
> 〈マハロ オッオエ プー〉
> ありがとう。あなたも！

> *He mea iki.*
> 〈ヘ メア イキ〉
> どういたしまして。

> *Aloha wau iā'oe.*
> 〈アロハ ヴァウ イアーッオエ〉
> 愛してます。

― さようなら！（ハワイ語で）

ロイヤル・ハワイアン・ショッピング・センター内でハワイアン・キルトを楽しむ人達。みなさんお元気で！ア・フィ・ホウ！

### わくわくポイント

### 「*Aloha!*」（アロハ）は深層的な愛を意味します！

　「さようなら」はハワイ語で「*Ahui hou!*」（ア・フィ・ホウ）と言いますが，先述した「*Aloha*」（アロハ＝こんにちは）と「*Mahalo*」（マハロ＝ありがとう）をセットにして覚えておくと便利です。また「さようなら」に関する他の表現として，「*Mā lama pono*」（お元気で，お気をつけて），「*E kipa hou mai*」（また来てね）もよく使われます。

　さらに「*Aloha*」は，挨拶（こんにちは）としての文脈において広く使われていますが，本来の意味は「愛」を表現し，その根底理念は，「全ての人達に対しての優しさや思いやりを失わず，常に謙虚さや忍耐強さを持って行動することによって調和を保つことが出来る精神」であるとされています。その「*Aloha*」の精神を文字で表すと以下のようになります。

| A | L | O | H | A! |
|---|---|---|---|---|
| *akahai* | *lōkahi* | *'olu'olu* | *ha'aha'a* | *ahonui* |
| 〈アカハイ〉 | 〈ローカヒ〉 | 〈オルツオル〉 | 〈ハッアハッア〉 | 〈アホヌイ〉 |
| 優しさ | 調和 | 寛大さ | 謙虚さ | 忍耐強さ |
| おとなしさ | 合意・同意 | 柔和に | ひたすら謙虚 | 忍耐力 |

さようなら！(ハワイ語で)

### さらにこだわりポイント

## ハワイ語は「音楽的で自然崇拝」の言葉です！

　ハワイ語は子音数は8つで、母音数は5つしかなく、世界の言語の中において、これほど子音数が少ない言語はありません。これは、ハワイでは元来、文字そのものの存在がなく、民族的な歴史や伝統等は、「*Oli*」(詠唱)や「*Hula*」(フラ)の形で伝承されてきたことを意味します。ヨーロッパ人が19世紀の初めにハワイ語に出会った時、そのハワイ語の特徴を、「音楽的でソフトな感じ」「なめらかな調子」「流麗」「メロディーの美しさ」「幼児語のようだ」などと形容してます。この言葉自体がいかに音楽的で自然的でしかも優しい言葉であったのかが理解できます。また一方で、ハワイでは言葉に魂(マナ)が宿るものと考えられ、ネガティヴ(弱気)な言葉を決して口に出さないという習慣等も存在します。しかし1820年にニュージーランドからの宣教師達によって、文字としてのハワイ語の標準的表記の作成が推進されていきました。これらの歴史的背景からハワイ語の特徴を一言で整理するならば、ハワイ語は「音楽的で自然崇拝」の言語であると言うことが可能です。つまりハワイ語には、たくさんのフラに関する言葉や風、雨、雲に関する言葉が多いからです。

ホノルル空港離陸後30分ぐらいの上空から偶然、撮ることが出来た「ニイハウ」(禁断の島)
この島は今でもハワイアンの生活が守られています。ニイハウ島の方々「ア・フィ・ホウ」

# CHAPTER 3

# ハワイのわくわく地図案内

― ハワイのわくわく地図案内

## ハワイ諸島周辺の広汎地図

- 東京
- ミクロネシア
- サイパン
- マニラ
- ウェーキ島
- グアム
- 日付変更線
- サンフランシスコ
- ロサンゼルス
- ハワイ諸島
- 赤道
- ポリネシア
- マーケサス諸島
- サモア
- ソシエテ諸島
- トンガ
- タヒチ島
- クック諸島
- メラネシア
- シドニー

## ハワイ諸島（8つの島）

- カウアイ島（ガーデンアイランド）
  - リフエ
- ニイハウ島（禁断の島）
- オアフ島（アロハ・アイランド）
  - ホノルル
- モロカイ島（フレンドリー・アイランド）
- ラナイ島（パイナップル・アイランド）
- カフルイ
- マウイ島（バレー・アイランド）
- カホラヴェ島
- コナ
- ヒロ
- ハワイ島（ビッグ・アイランド）

ハワイのわくわく地図案内

## オアフ島

地図中の地名:
- カフク岬
- サンセット・ビーチ
- ワイメア湾
- ライエ
- カエナ岬
- クアロア・ビーチ
- コオラウ山地
- カネオヘ湾
- マカハビーチ
- ワイアナエ山脈（1231m）
- パール・シティ
- ナナクリ
- パール・ハーバー
- ホノルル国際空港
- ホノルル
- ワイキキ
- ハワイ・カイ
- ダイヤモンド・ヘッド
- ハナウマ湾

1. ビショップ・ミュージアム
2. イオラニ宮殿
   ミッション・ハウス・ミュージアム
   カメハメハ大王像
3. ハワイ日本文化センター
   ホノルル美術館
   ダミアン美術館
4. コンテンポラリー・ミュージアム
5. ヌアヌ・パリ（パリ・ルックアウト）
6. ワイアナエ
   マカハ農園
7. ワイアホレ
8. クイリオロア・ヘイアウ（古代神殿）
9. カネアキ・ヘイアウ（古代神殿）
10. ポリネシア文化センター
11. ワイメア・バレー・アドベンチャー・パーク
12. ハワイ・プランテーション・ビレッジ
13. ダイヤモンド・ヘッド・トレイル
14. マノア・フォール・トレイル
15. カワイロア・トレイル
16. クリオウオウリッジ・トレイル
17. マカプウ・ハイキング
18. ホノウリウリ保護区
19. プウオマフカ・ヘイアウ（古代神殿）
20. ハレ・オ・ロノ・ヘイアウ（古代神殿）
21. カワエワエ・ヘイアウ（古代神殿）
22. ウルポ・ヘイアウ（古代神殿）
23. パフキニ・ヘイアウ（古代神殿）
24. ココヘッド洞窟のペトログリフ
25. ヌアヌ・ストリームのペトログリフ
26. モアナルア・ストリームのペトログリフ
27. ケアアウ・パーク付近のペトログリフ
28. カワイロア付近のペトログリフ
29. カフク付近のペトログリフ

151

── ハワイのわくわく地図案内

## オアフ島内のザ・バス路線マップ

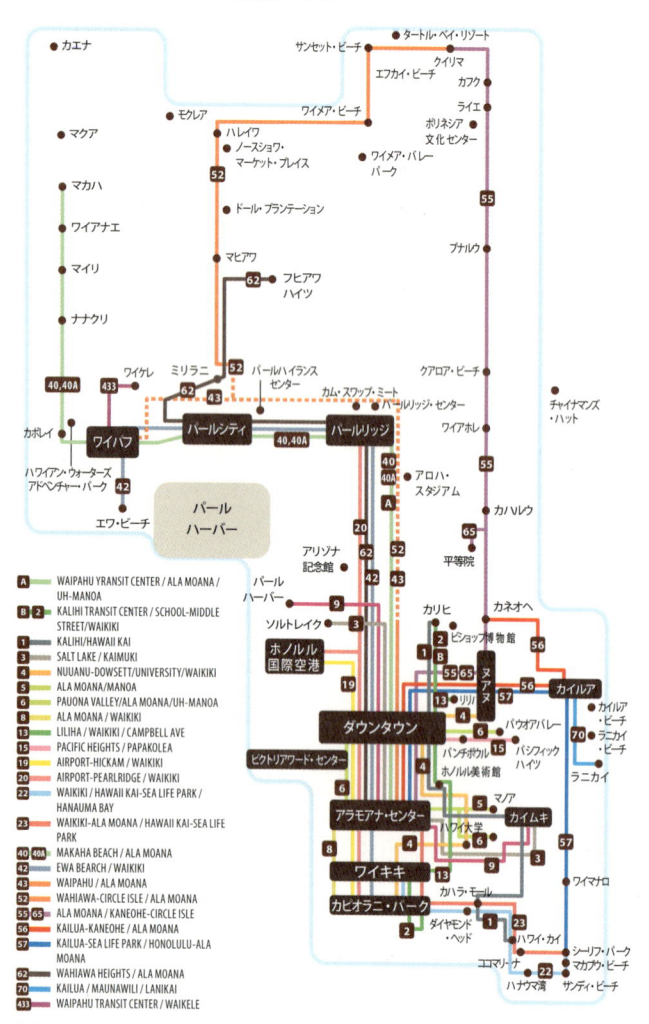

- **A** WAIPAHU YRANSIT CENTER / ALA MOANA / UH-MANOA
- **B / 2** KALIHI TRANSIT CENTER / SCHOOL-MIDDLE STREET/WAIKIKI
- **1** KALIHI / HAWAII KAI
- **3** SALT LAKE / KAIMUKI
- **4** NUUANU-DOWSETT/UNIVERSITY/WAIKIKI
- **6** ALA MOANA/MANOA
- **6** PAUONA VALLEY/ALA MOANA/UH-MANOA
- **8** ALA MOANA / WAIKIKI
- **13** LILIHA / WAIKIKI / CAMPBELL AVE
- **15** PACIFIC HEIGHTS / PAPAKOLEA
- **19** AIRPORT-HICKAM / WAIKIKI
- **20** AIRPORT-PEARLRIDGE / WAIKIKI
- **22** WAIKIKI / HAWAII KAI-SEA LIFE PARK / HANAUMA BAY
- **23** WAIKIKI-ALA MOANA / HAWAII KAI-SEA LIFE PARK
- **40 / 40A** MAKAHA BEACH / ALA MOANA
- **42** EWA BEACH / WAIKIKI
- **43** WAIPAHU / ALA MOANA
- **52** WAHIAWA-CIRCLE ISLE
- **55 / 65** ALA MOANA / KANEOHE-CIRCLE ISLE
- **56** KAILUA-KANEOHE / ALA MOANA
- **57** KAILUA-SEA LIFE PARK / HONOLULU-ALA MOANA
- **62** WAHIAWA HEIGHTS / ALA MOANA
- **70** KAILUA / MAUNAWILI / LANIKAI
- **433** WAIPAHU TRANSIT CENTER / WAIKELE

「The Bus Map & Guide book(2008)」を基に作成。主要ルート，ルート表示番号は予告なく変更されることもあるので注意が必要です。

ハワイのわくわく地図案内

## オアフ島およびワイキキ周辺の教育機関

1. University of Hawaii-Manoa
2. University of Hawaii-West O'ahu Leeward Communnity College
3. Hawaii Pacific University
4. Brigham Young University
5. Chaminade Community College
6. Honolulu Community College
7. Kapiolani Community College
8. Windward Community College
9. Tokai International College
10. Trans Pacific Hawaii College
11. JAIMS (Japan-America Institute of Management Science)
12. Heald College, School of Business and Technology
13. Hawaii Business College
14. Travel Institute of the Pacific
15. Hawaii Massage Academy
16. Hollywood Beauty College
17. Punahou School
18. Iolani School
19. Saint Francis School
20. Mid-Pacific Institute
21. Star of the Sea School
22. Kamehameha School
23. Academy of the Pacific
24. Sacred Hearts Academy
25. Saint Louis School
26. Maryknoll School
27. St.Andrew's Propry School
28. St.Ann's School
29. Lutheran High School
30. Trinity Christian School
31. Hawaiian Mission Academy
32. Kaimuki High School
33. ICC(Intercultural Communications College)
34. Academia Language School
35. GV(Global Village Hawaii)
36. Central Pacific College
37. GEOS English Academy
38. Hawaii Pacific University, Loa Campus
39. IIE(Institute of Intensive English)
40. Waikiki Community Center
41. Moiliili Community Center
42. Royal Hawaiian Shopping Center

## ホノルル周辺（オアフ島東部）のハイキング・コース，トレッキングコース

1. Koko Crater
2. Kuli'ou'ou Ridge
3. Kuli'ou'ou Valley
4. Hawaii'iloa Ridge
5. Wiliwilinui
6. Lanipo
7. Mount Olympus
8. Pu'u Pia
9. 'Aihualawa-'Ohia'a(via Monoa Falls)
10. Makiki-Tantalus
11. Nu'uanu-Judd
12. Kamanaiki
13. Bowman
14. Pu'u Kehi a Kahoe
15. Moanalua(Kamananui)Valley

出所：Stuart M.Ball(2000)
The Hikers Guide to O'ahu, Revised Edition.University of Hawai'i Press.

## おわりに

　この本によって皆様方に伝えたかったことは，たとえ観光旅行であれ，留学であれ，ハワイに足を踏み入れる時は，ハワイにある自然や文化を崇拝する心や，ハワイに住む人達へ，あるいはハワイ語を話す人達への畏敬の念が必要であるというメッセージです。さらにその畏敬の念をどのように表すのかといえば，ハワイにおいて話されている英語やハワイ語に関しての最低限の会話術をしっかりと身につけることが必要です。

　また皆様にこの本を通じて最も伝えたかったことは，ハワイでの最低限の会話術を身につけるという必要性だけではなく，その言語自体の特徴や，その背景的な意味の大切さです。

　英語という言語は，概して視点導入が「上から下を見下ろす」ような「神の視点」から構造的に組み立てられた言語であり，絶えず能動的で積極的でたくましい，あるいは頼もしい言語です。これに対して日本語は，視点導入が「下から上を見上げる」ような「虫の視点」から構造的に組み立てられた言語で，協調的，共同的，あるいは随伴的な言語です。ここで虫の視点と言ったのは，言葉の語彙の特徴として，例えば「ざらざら」,「ぬるぬる」,「つるつる」,「すべすべ」,

「にょろにょろ」などと言った虫や雨に関する言葉が非常に多く，文脈として下から上を眺める形容が多いからです。

　一方，ハワイ語はどうでしょうか？　ハワイ語は本文中で指摘したように極めて音楽的で，ソフトな感じで，なめらかな調子で，幼児語のような言語で，視点導入を考えた場合には，風や雲，雨に関する言葉が多く存在することから，人間の視点を超越した「魂（マナ）の視点」から構造的に組み立てられた言語なのです。

　重要なことは，言語とはそもそも機能的，効率的な言葉自体の意味伝達だけではなく，その言葉の背景（裏側）には，その民族の深層的文化や，そこに暮らす人々の生き方，あるいは人生観が根づいているという事実があるということです。それは，二人の言語学者である「ウォーフ・サピア」が指摘する「言語は民族の文化や話者の世界観を決定する」，あるいは「ある言語は，それを使用する人々の世界の見方を規定している」という仮説を裏付けるものです。言語とは，ただの伝達手段としての機能ではなく，文化そのものであり，その人あるいはその国自体の世界観であることになります。そして人的交流という文脈から双方間における，あるいは二国間における有効なコミュニケーションを保つには，その人（その国）の文化的背景や世界観をしっかりと理解しておかなければなりません。つまりその文化的背景や世界観を把握しておかないと，双方におけるパーセプション・ギャップ（認識のズレ／受け取り方のズレ）が発生したり，とんでもない誤解が生じてしまう事実が言葉の背後に潜んでいるということです。

　さて本書は，そのようなメッセージを少しでも多くの人達に伝えたくて，ハワイ語の会話術を整理してみました。そのハワイ語という特徴や言語的背景から少しでもその民族の世界観を感じていただければ幸いです。

　また英語に関しては，日常的な会話術には高度なレベルの必要性がないことから，出来るだけ「これだけ」の会話例を集めて整理してみました。その英語という言語の特徴から能動的あるいは積極的な世界観を感じていただければ幸いです。

　また，出来るだけ多くのハワイの写真（この中には撮影が困難な写真も含まれます）を取り入れて，すこしでもハワイのわくわく感が伝えられるように構成を考えてみました。

　本書が少しでも，これからハワイに出かける観光旅行者の方々，ビジネス出張の方々，あるいは留学生の方々にとって，そのわくわく感の醸成に役立っていただけることを心からお祈りいたします。


　　　　　　　　　　　　　　　　　　異文化ファシリテーター　松岡昌幸

## 参考文献

- Albert J.Schutz, 庄司香久子訳 (2007)『ハワイ語のすべて』, Island Heritage Publishing.
- 金谷武洋 (2004)『英語にも主語はなかった』, 講談社選書メチエ
- 松岡昌幸 (1995)『ハワイわくわく留学』, 三修社
- 松岡昌幸 (1996)『ホームステイわくわく留学』, 三修社
- 松岡昌幸 (2002)『ハワイわくわく留学 入門編』, 三修社
- 松岡昌幸 (2007)『シニアわくわく留学』, 三修社
- 松岡昌幸 (2008)『コノシュア・シニア留学—シニア世代のための, 記憶に残る旅のすすめ』, アップフロントブックス
- 新名美次 (1995)『ちょっとした外国語の覚え方』, 講談社
- 塩谷亨 (1999)『ハワイ語文法の基礎』, 大学書林
- 庄司香久子, エミリー・A・ホーキンス (1990)『ハワイ語入門』, 泰流社
- Stuart M.Ball.Jr (2000), The Hikers Guide to Oʻahu, University of Hawaiʻi Press.

## 松岡 昌幸 （まつおか まさゆき）

　1957年岐阜県生まれ。法政大学社会学部卒業。立教大学大学院観光学研究科博士課程前期終了。名鉄観光サービス入社。1988年REF留学教育フォーラム代表取締役に就任。2001年からは東京都認証のNPO法人高校留学フォーラムの代表理事を兼務。旅行業の経験から新しい感覚の留学システムを提唱し，留学カウンセラーおよび異文化ファシリテーターとして留学生や旅行者への支援活動に従事。

　現在，南九州短期大学，国際教養学科准教授。担当科目は旅行業演習，観光地理学，ホテルビジネス論，ホスピタリティ論等。研究テーマは記憶に残る旅形成（旅育），宮崎とハワイとの関係性，旅行と留学の関係性，異文化接触過程類型論等。所属学会（会員）は日本観光研究学会，日本国際観光学会，立教（RICS）異文化コミュニケーション学会，多文化関係学会。

主な著書に
『オーストラリア・ニュージーランドわくわく語学留学』
『アメリカわくわくスペシャリスト留学』
『ハワイわくわく留学 入門編』
『ハワイわくわく留学』
『ホームステイわくわく留学』
『カリフォルニアわくわく留学』
『イギリスわくわく留学』
『カナダわくわく留学』
『シニアわくわく留学』(以上，三修社)
『これだけ！英検準1級』
『これだけ！英検準1級単語・熟語』
『これだけ！英検準2級』(以上，あさ出版)
『ハワイわくわく留学・CD-ROM』(ダイテック)
『ココナッツ娘。の楽しいハワイ留学』
『コノシュア・シニア留学』(以上，アップフロントブックス)

### 著者連絡先

住所：〒880-0032 宮崎県宮崎市霧島5丁目1番地2
南九州短期大学 国際教養学科（松岡研究室）
メールアドレス：matsuoka@mkjc.ac.jp

ハワイわくわく英会話

2009 年 7 月 30 日　第 1 刷発行

著　　者　　松岡昌幸

発 行 者　　前田俊秀
発 行 所　　株式会社三修社
　　　　　　〒 150-0001 東京都渋谷区神宮前 2-2-22
　　　　　　TEL 03-3405-4511　　FAX 03-3405-4522
　　　　　　振替 00190-9-72758
　　　　　　http://www.sanshusha.co.jp/
　　　　　　編集担当　斎藤俊樹

印刷製本　　壮光舎印刷株式会社

©2009 Printed in Japan
ISBN978-4-384-03097-6 C0082

ブックデザイン・DTP　越阪部 ワタル
写真提供　松岡明子
写真協力　ハワイ政府観光局

〈日本複写権センター委託出版物〉
本書を無断で複写複製（コピー）することは、著作権法上の例外を除き、禁じられています。
本書をコピーされる場合は、事前に日本複写権センター（JRRC）の許諾を受けてください。
JRRC〈http://www.jrrc.or.jp　email:info@jrrc.or.jp　Tel:03-3401-2382〉